试验自己

汤小明　著

四川人民出版社

readers-club

北京读书人文化艺术有限公司
www.readers.com.cn
出　品

宁静的火焰

李小雨

当诗歌以持续多年的角度和语言反复向我们传达现代青年的苦闷和迷惘时，当我们的眼睛被重重叠叠的孤独、痛苦、空虚、焦灼弄得疲惫麻木时，读汤小明的这本诗集，却似被点点清纯的雨滴浸润，使你与自然的和风一起呼吸，与田园的炊烟一起上升，与大地的青草一起轻摇，心灵如海上的白帆，宁静而又悠远。

这是一本作者写给自己存留的青春记录。由此，它更具有了真诚坦率的价值和无修饰的情感历程。它使我们得以窥见一个青年内心的精神世界。

汤小明，这个出生于四川的学习数理的研究生，刚十六岁就离开家乡，独自一人辗转在大城市求学、工作。他的坎坷经历，他的眷恋，他梦绕魂牵的向往，他的两难选择，使他留下了这第一本诗集。

汤小明的诗全部抒写自然。自然似乎已经与他构成了从灵魂到肉体的完美契合。无论是外景素描或是内心独白，即使是相爱，也伴有“麦田旁马车的吱哑声响”，即使是爱的迷茫，也是“我向往大海的眼神无意把你吸引，请别打扰我寂寞的森林”。在城市“这座活的森林里”，在“高楼的暖气管旁”，“我想感觉到／我要感觉到／秋天怎样把山野和城市变得丰满”，“黑色的雨”和“风”“呆呆地站在高楼下”……他长于把诗的眼光投入到生活中最普通、最细小、最易忽略的世俗乡间小景上，用“生活流”还原生活。收割后的麦场，一只鹅卵石和午夜月光，水蜘蛛与狗尾草，山里人长长的头巾……他笔下万物都是轻盈、亲切、充满灵动的生命，那些瞬间的直觉轻柔明丽，细腻抒情，疏朗平淡，质朴生动，他的感情流程即是自然的变化流程，他把握世界的方式即是倾注于自然的方式，他崇拜自然，神交于自然，听命于自然，自然与人已浑然为他一方小小的内宇宙。

在近现代文坛上，寻找自然已成为作家面对的无数困扰和命题之一。弗洛斯特质朴无华的田园诗中以自然景物为象征，表现现代人的内在世界，梭罗在《瓦尔登湖》中推崇自然是人生的至高境界，是大智若愚的天籁；而在东西方文化激烈碰撞下失去根的依附的许多中国青年诗人则以自然为自己流浪得疲惫的精神寻找家园，使寻找自然成为寻找自我的同义语。诗歌中对于自然的发现各有其深厚的社会背景、历史渊源、文化心态和审美内涵。

然而无论是返璞归真或是寻找归宿，诗中的自然一经出现，就都已不再是原始的风光写实、乡土人情，而带有强烈的感情色彩和个性化特征。

汤小明抒写自然的独特之处在于不是以提供更多的新思想为目的，而是以令人悦目的方式提醒人们对自身生存状态和社会大环境的关切。正是处于现代文明的阴影下，一种天然和本能的潜意识促使他去寻找自身的真实。在回忆和审视中，只有自然才能使他重新激动。他的真实就是自然，就是故乡在心灵深处与生俱来的亲情，这亲情的升华与照耀使他的诗歌洋溢着点点亮色。“他孤独地在小屋中瞥见了痛苦后走来的欢乐 / 在阳光中倾听着，创造着日夜向他纷涌而来的彩色声音 / 这也像他自己的灵魂，被撕碎了又汇聚起来的灵魂 / 而破烂的床头上是一幅孩子与母亲恬静的画面”。诗中没有虚构的惨淡和沉重，而弥漫着人类感情的温暖、创造的喜悦和幸福。一切磨难、艰辛都在这幸福的光芒中被溶解了，甚至那灵魂和肉体的累累伤痕，也都闪烁着美的光芒，苦难与欢乐统一在这博大的亲情之中，犹如宁静画布上燃亮的点点烛光，照耀着人生的旅程，虽不灿烂强烈，但却温暖长久，个人化的体验使生活与艺术的本质真实得到还原。他的诗的引人之处还在于不是宣示明亮的结果，而是把平淡细致的生活照亮给人看。他写暴风雨来临的步步逼近，写秋天渐渐深入到孤树的枝杈，写午夜闪电的耀眼与归去……在这些逐步展开的叙述过程与画面中，他带领读者一起去体验细腻的自然与人生，寻找欢乐与光明，使那些置身于嘈杂、狭窄的现代文明中的现代人在体验中逐渐剥落自己远离生命本源的层层硬茧，反思自然人格的被遮掩和扭曲，在困窘的生存状态中得到最大慰藉和补充。

汤小明的诗的另一个特点是趋于宁静，表现出潜入地层之下的随遇而安的泰然。“我正想走进那片风景中去/宁静粉碎了我……/整个世界恍惚成一树漂亮的梨花/蝉儿们起劲地把宁静歌唱”，即使是暴雨，也是“终于一切又慢慢地归于宁静”，即使是失恋，也是“不管怎样，我们还得心平气和地走完自己的路”。他唱“疲倦的太阳”，“慵懒的池塘”，“雷鸣电闪后的柔声细语”，许多诗虽然没有直接抒写宁静，却也透出了大音希声的十足内涵：“有时候这样的夏夜更引人入胜/没有月光，没有微风，没有繁星/也没有闷热窒息和细雨薄雾/只有几颗星点在天庭……”宁静已成为他诗歌中掩饰不住的大的背景，个人的渺小与生活的琐屑都笼罩在这渗透骨髓的氛围之中，在风雨雷暴的背后，是一片广阔的平静，是最深层次的宇宙，是生活的真实本质。就地域来说，也许巴蜀盆地自古以来平静的竹林茅屋养育了他性格的内向与天然的超脱，使他在对自然深深理解的“顿悟”中无意识地流露出这些不经雕琢的松弛，而这恰恰体现出自然的根本，正如他在诗中反复吟颂的“老子曰：顺其自然”，天地循环往复，化有限物质为无限精神，外部的自然消失了，心灵中的自然却永远存在。因此，他在对自然的歌咏中流露出更具普遍意义的一种境界，一种超然于物外的、超地域的精神状态，使他的诗更扩大了自然山水和人文景观的内涵，从而也更具有了普遍的意义。从文化的角度上来说，传统文化的积淀已使他寻找到自己精神上的家园，并力图在其哲学和美学基础上自觉地走向更为澄澈的世界。而他的这种宁静，也绝不是超脱于生活之外的冷眼，却是对生活执着的单纯，这种单纯，使他在宁静之中燃起的诗的火焰更显热情，表露出生命的力量和追求的希望。

1992年春于北京

都市青年躁动的心音

刘湛秋

初次结识汤小明，感觉他是一个腼腆的书生。他的第一本诗集《起风了》给我的印象也更多的是柔情的东西，像初入世的青年带着纯真的感情去看这个多姿多彩的世界，略嫌稚嫩而又茫然。

但是，当我读到《试验自己》的时候，另一个汤小明又跃然而出。这是一个惠特曼式的、充满激情、对复杂生活敢于发出天问般的喜怒哀乐的现代都市青年。原有单纯的、略带古典式的汤小明在诗篇《试验自己》《你的微笑》《恋曲》《偶遇》中几乎消失了。阴柔变成了阳刚，含情脉脉变成了剽悍猛烈，小羊变成了豹子，诗的语言体式也由清丽转向豪放。

我想知道的是哪一个汤小明在前呢？我猜测可能《试验自己》在前，而先出的诗集《起风了》反而在后。这样，恰恰相反，是阳刚变成了阴柔，豹子变成了小羊。很有趣吗？我想，这正从另一个角度反映了人生的历程。在青春躁动期他有太多的激情需要倾吐，他有太多的烦闷需要端出，他有太多的问题需要答案。这样，他的狂暴、不安也就很容易理解了。

那么，哪一个汤小明让我们喜欢呢？这就是各人趣味的取舍了。那么，他自己更喜欢他的什么形象呢？这也取决于他各个年龄阶段的心情与环境的变化了。也许，这两种形象更多的是统一体的两个侧面，是一个更为完整更为丰富的诗人性格。

不管怎么说，他的属于惠特曼的粗犷的诗行确实表现了改革开放中一代青年的躁动的心音，真实地描绘了社会一些生活的侧面。我想，当代青年可能更喜欢这个集文里的诗篇，为这饱满的情绪与酣畅的语言。

如果说，小明以后还写，是再一次变成羊还是豹，或者变来变去，那么，从艺术和生活的角度说，他只要能变得更深一些就好。或者他不再写诗，而是把诗所赋予他的智慧用于今天从事的事业，也很好。

这样，我祝他努力加好运！

1996 年 1 月 23 日

目录
CONTENTS

上篇　起风了

下篇　试验自己

上篇

起风了

起风了，从遥远湛蓝的大海过来的风
翻卷起山坡上油光铮亮的毛发
路旁的草把小径时而掩埋时而翻出
宁静和着鸟儿一起向远方遁去

忆陵江

我记得那风是怎样撩开你的长发
我记得你是怎样咬住多情的顽石
调皮的小手抚摸着我的衣衫
调皮的笑声捣碎了我的名字

你的脸上浮现豆角似的笑靥
这危险的深洞总把我诱惑
我枉然想捧一束你的鲜花
又惊叹你老是走过却终没走过

我渴望在拐弯处再把你见到
你却神秘又泰然地躲进另一弯
当一叶轻舟把我送给你
就任凭你颠簸，抚爱也摧残

我记得水鸟是怎样栖落在你宽阔的额头

我记得阳光是怎样给你戴上彩色项链
蓝色的天空和夏夜的繁星
是怎样垂映着你宁静娇美的容颜

我也常常爬上高高的山头
去看你赤裸、清亮的身子怎样在山间飞舞
而夏天就走在你泛滥时刚淹过的小径上
脚上恰是一只猫在抓挠抚摸
……

记得那风是怎样撩开你的发束
记得你是怎样咬住多情的顽石
孩童时你这样，衰老了你仍是这样
等我悄悄地死去了，你还是这样

热烈的夏天……

热烈的夏天，脆弱的夏天
艳丽的阳光旋即会被乌云取代
为什么夹着闪电，你放声恸哭
接着又是一片阳光，活像一张乐呵呵的孩子脸

我独自散步在雨后的河边
心头接下你奔放时抛下的云团
呵，我们多么相似，这热烈，这脆弱
总用疯狂去体验，又用疯狂去冲散

我们谁也不作声，默默相视
这摔打后的平静，轻松又珍贵
雨珠挂满了轻轻的树叶
也让我心头欲望的枝头沉坠

呵，热烈的夏天，脆弱的夏天

你并不如冬日空旷、安然、悠深
望着光秃秃的山坡消失
看着春风中树叶儿转青

心呵，你也该再次年轻
愿望的枝丫又一次茂盛起来
为一切美好的事祝愿吧
夏天尽管脆弱、迷乱，但多热烈、光彩

疏疏田野……

疏疏田野，淡淡白杨
几垄竹林，几户人家
瑟瑟寒风抚平了蓝色炊烟
阵阵狗吠惊扰了片片淡黄

阡陌小道四处伸展
灰蒙蒙的天空正低低压下
绿色的溪流在田野里迷失了方向
溪边田坝上还残有零星的菊花

这是母亲样善良的许诺
这是羽毛样温柔的祝福
感谢冬日这纯情、端庄的少女
睫毛下龛出这份安宁

疏疏田野，淡淡白杨

几垄竹林，几户人家
蓝色的炊烟像根蓝色的带子
缚住了人们山路上溢出的疲乏

枯死的小草蜷伏在脚下
飘零的落叶，顺流水远去
躺在草垛上，看黄牛眯缝着双眼
身下的谷草嘎吱声响

阡陌小道四处伸展
灰蒙蒙的天空低低压下
偶尔几缕阳光从云层透出
大地呵，你更美丽、安宁、纯洁无瑕

有时候

有时候这样的夏夜更引人入胜
没有月光，没有微风，没有繁星
也没有闷热窒息和细雨薄雾
只有几颗星点在天庭

就像一个古老的故事
开始单纯，结尾还那么简单
却终是那般美丽，那般遥远
就像一个清澈又古老的故事

有时这样的夏夜更引人入胜
没有月光，没有微风，没有繁星
也没有闷热窒息和细雨薄雾
只几颗星点轻洒在天庭

它是一支歌谣轻轻唤你去

是旅行者的脚步消失又复现

是孩子们心中的天边

是老头腰带上磨亮的烟杆

这片风景……

一只疲倦的鸟儿飞进大海的上空
没有岛屿，没有港湾，没有帆船的大海
一棵孤独的树正在四面八方的来风中
四周没有森林、没有房屋，也没有山峦

这就是我看到这片美丽风景时的形容
这片会唱歌、会说话、会拉手的风景
空间的新生在死去、时间在流淌在吞噬
从古至今这片风景都坐在时间的岸上

总有人在那段流水里愿是那不幸又幸运的鸟儿
总有人在这块地方愿是那危险又兴奋的小树
一天我走进了这片画满了眼睛和手的风景
慢慢地我走进了也燃着香烛的地方

绿洲和沙漠替换着时间的衣衫，时间在缓缓地

流淌流淌，也磨蚀了我和风景开始发白的背影
根须在无所谓里蠕动，船已带我离开了岸
在和楼房成熟的摩擦中远去了远去了……

可是今天，我又重新发现了这片会说会唱的风景
又抵触了这丰满的力，寻找它伸出的手
脑海里再次浮现出那飞向大海的鸟儿
还有棵已有无数年轮的树正在四面八方的来风中

梦

我想我正走进这片风景
宁静粉碎了我，午夜的一片月光
我坐在长满青草的山坡上
前面静卧着一排湛蓝的池塘

湛蓝、清澈恰是一扇扇美妙的门户
依傍着烈日的云朵在无声地流浪
一片遐想中，坠入洞开的门户
无底的深潭便有了疆界、恢宏、闪亮

我想我正走进这片风景
偶尔也有鸟儿在水中悠然飞翔
金色的鱼儿去了燕子不能去的地方
没有什么强求，这是一个和谐的乐章

绿色的山坡、树林和我在远处被淹没

偶尔从树叶间射来刺眼的阳光
我笑我和阴影枉然充当礁石，水草
我笑鱼儿们悠然游过我的胸膛

这微笑也化成一片清澈、透亮、湛蓝
还有蝴蝶和蜻蜓若有若无的来访
湛蓝的天庭就在我们的身下
双手捧着云朵，柔和又凉爽

我想我正走进这片风景
微风把我们轻轻地摇荡
整个世界恍惚成一树漂亮的梨花
蝉儿们起劲地把宁静歌唱

轻轻地你走在雪地上

轻轻地你走在雪地上
轻轻地，你走出了雪的节奏
静静地你看着雪花
静静地，你看出了雪的舞姿

雪花柔柔地落在树尖上
雪花轻轻地贴在大石上
白雪松松地铺在道路上
白雪占满了你的目光

一张嘴，雪花是你的歌
一伸手，雪花是你的礼物
静站着，雪花把你雕塑
一躺下，雪花就向你倾诉

走在这银色的世界里

雪花呼唤出你最熟谙的音符
走进这银色的组合中
山谷和树林都起伏着你纯净的心愫

轻轻地你走在雪地上
轻轻地，你走出了雪的节奏
静静地你看着雪花
静静地，你看出了雪的舞姿

乡村的黄昏

夕阳落进山坡上的堰塘
堤岸上飘来放牛娃的歌唱
晚霞映红山坡上的桑林
林子里没有微风游荡

晚天是披着红头巾的姑娘
堰塘里就有了少女的梳妆
晚天有一条金色的小路
堰塘里枫叶儿就层层摆浪

牛儿走在右边的石道上
角边儿要顶破片片夕阳
蹄声、叫声被捆成一片
把山村的晚钟撞响

还有山歌——串串清澈的石子

落进了乡村的黄昏

房顶的青烟轻轻袅袅

牵动着后生们的辘辘饥肠

宁静从山坡上徐徐降落

老天爷就要关上最后几扇门窗

山蚊子开始嗡嗡地叫

萤火虫已准备工作、奔忙

天上、地下就要掌灯

走白了的小路是一道幽光

恍恍惚惚奔窜在山坡

看不见的堰塘又撑起了一片蛙唱

山里人的头巾

山里人爱缠一根长布头巾
老人们、汉子们、妇女们甚至娃娃们
尽管风、霜、日、土改变了它的颜色
尽管风、霜、日、土改变了它的颜色

他们走在潮湿的青㭎树林
他们走上光秃秃的山坡
他们走出竹林后的茅草屋
他们走过灶房后的猪窝

是锯齿咬着粗大的松木、结实的杂木
他们走在树叶、流水、泥土里
是锯齿咬着粗大的松木、结实的杂木
他们走在风雨、阳光、四季里

邻居丢了一只鸡破口大骂

邻居为秧田的水“流走”大动干戈
邻居也常常合用一头牛，一盘石磨
有时林子里的石板上还翻起故事

太阳、雨水、土地是他们家的成员
就像汉子们的媳妇、就像女人们的男人
就像屋角的锄头，老人的烟斗……
不经意、随便，必需又默默无声

轰轰烈烈，轰轰烈烈必是那红白喜事
不管迎亲、还是送葬都是大聚大庆
鞭炮、唢呐、人群、酒宴都为庆贺新的开始
还有一大群女人的哭喊，假意或真心

山里人爱缠一根长头巾
大山、树林、太阳、山里人，长长的头巾
它们讲诉着很久、很久的故事
还有风、霜、日、土磨出的颜色

草 坪

草坪
碧绿或枯黄
沉静、端庄、孤独

无数的小生命紧紧靠在一起
月光、微风
冰霜、骤雨
悄悄地、悄悄地感触

草坪
沉静、端庄、孤独
愈来愈突出
在我心底

田野拉开了黑色的窗帘……

田野拉开了黑色的窗帘
六月奉献了绿色的果实
天边，太阳已窜出了草丛
阳光擦拭着铮亮的玻璃

远处的田野绿得透明
恰似一口深邃清亮的古井
蜻蜓似鱼儿在阳光中穿梭
在刚盛开的玫瑰花上做爱亲吻

“遍地滚”是一群温顺的绵羊
调皮的狗尾巴草像放羊的牧童
艾香草站在那，是正儿八经的大汉
小菊花披散着头发在捉微风

池塘一片水草曼吟

是鱼儿们正忙着要成亲
小蜻蜓单脚点在水草上
优美的舞姿，正朝水里窥视

西天奇异、活泼的彩云
是姑娘的小辫得意地甩起
还有细碎、沉甸的云朵
就像山里一片片成熟的柿子

五月的阳光……

五月的阳光像一条癞皮狗
四腿一伸，趴在房屋的门口
房后的树林渐次明亮
清脆的声音窜进了山沟

地皮发潮，落叶静静地腐烂
从墙角溜过的风开始贴手
阳光染绿了一树又一树
只有啄木鸟弹拨着正午的清幽

山坡上一阵清嫩的麦香
挑逗得主人总想绕着它多走走
索性变个稻草人厮守在它的怀中
只是苦了麻雀们那一个冬天的胃口

声音渐次浓厚，形体渐次丰满

一切都这么吻合、自然

还有院子里开始不安分的猪、狗

和姑娘们那变薄变亮了的衣衫

五月的阳光像一条癞皮狗

四肢一伸，趴在房屋的门口

房后的树林渐次展开、明亮

房后的树林渐次展开、明亮

风

风是块手帕
天空在忙碌
满脸汗珠

风是鱼儿
在雨的草茎中
上下穿游

雨线儿是网
雀儿们在网中
自由飞翔

会走路的风
躲过雨滴
捉住了孩子们的调皮

顺着树枝扩展的热烈

春天来了

色彩和芳香竞争着寻找

寻找自己最美的造型

寻找中请来了阳光

愈来愈烈的阳光

花会结束了

花会结束了，田野上
放蜂的时节已经过去
白昼的围墙正在扩大
夜晚变得短暂又别致

正午的蝉鸣颂出一片安宁
黄昏还照样刺眼
小道也喧哗，悠长了
萤火虫开始拜访稀疏的树林

白色的雾霭退去

白色的雾霭退去
就露出山坡青青的身影
白色的雾霭退去
就传来山雀啁啾的声音

田野微笑了
露出一排白色的小路
小小桦树林
开始梳那金色的辫子

还有遥远的天边
已红得似一片枫叶
只几丝白雾
残留在那里

白色的羊群欢叫着

走上了金色的山坡

汉子们赶着牛

挽起裤子下了田地

这时呵，山坡上的放牛娃

又吹响了树叶儿

村子里的炊烟轻轻袅袅

亮出了微风苗条的身子

晚 雪

晚雪
随便披在山坡
黑白的图案
映衬着湛蓝的天空
道路的黑枝条上
从集市回来的姑娘们
是多彩的花
调皮的风和汉子们的笑
一起把手伸进她们夹紧的裤角
冒着白气的狗
又把夏天衔回大院
墙上成串的辣椒愈加赤红
热烘烘的火炉旁
我整理好的思绪
似火星沸沸扬扬

断章

冬天是只最善良的母狗

看着自己一大群找不到吃的孩子

潮湿的舌头舔着低垂的天边

毛茸茸的尾巴跑遍了每一家火炉

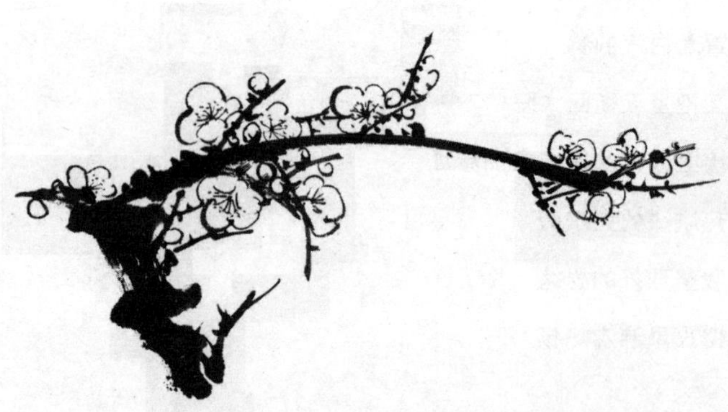

“画 像”

你端坐在屋子的那一边
时而清瘦时而浑圆的二胡旋律靠着你
靠着你平稳的身子和灰色的裙边
时间从远处走来，又走了过去……

绿色的窗帘把日光揉合了
溶进你的眼睑，你的目光在青灰色的幽暗中，
谁也无法损害这难言的
对善良、对贤惠静静的渲泄

静静的渲泄，像东方一只古老的花瓶
它永远把一个真理演示
你的声音那样平和、成熟
像秋天原野的牛车平静地载满了稻谷

时间从远处走来，又走了过去……

即使偶尔你的声音有些沙哑
它也讲出主人的善良、同情、温柔
呵，还有那双把勤劳和美丽融合一起的手

它可以把一切抚摸得平静、温顺
那不被人注意的躲在秀发后的双耳，
也在随时倾听，理解人世间的
一切苦衷、眼泪、挫折

就是当你轻轻思念，脸颊微红
就是当你被人误解，悄然抽泣
那前额，柔和的前额依旧给人抚慰和希冀
还有那温柔的嘴唇诉说着夜晚的幸福

时间从远处走来，又走了过去……

正午的阳光

正午的阳光
开在屋外
它疲倦发呆的眼睛
看着每一扇窗户

此时它正梦见
梦见遥远的森林
微风和着树叶
正轻轻把它抚慰
地上一片凉爽的阴影
细语款款

阳光和乌云在天空嬉戏……

阳光和乌云在天空嬉戏
白色的路把我们纠缠
我们颠簸着，惊飞了一路稠绿
阳光和乌云在天空嬉戏

阳光和乌云在天空嬉戏
那是海姑娘的发丝闪亮、飘浮
蓝色的海风在轻轻地倾诉
海面上就有了婴儿的啼哭

这片岛屿是一只巨大的帆船
是多少年前一阵涛声的凝结
这片岛屿是一只巨大的帆船
是远古时天帝留下的一片月

阳光和乌云在天空嬉戏

我们正快速地在密林中穿行

阳光和乌云在天空嬉戏

那是海姑娘正在拍手欢迎

你的宁静像音乐流开了

你的宁静像音乐流开了
这些乳白色的液体在我四周泛滥
我就要去那湛蓝的大海
就要看见那海边一排排椰子树

你的宁静像音乐流开了
这些乳白色的液体在我四周泛滥
我仿佛又尝到了走过珍珠滩时的清亮
一双湿脚又踏上对岸铮亮、铮亮的草地

你的宁静像音乐流开了
这些乳白色的液体就在我四周泛滥
我渴望月光下从山坡上垂下来的小径
我渴望秋日树叶的喁喁私语

你的宁静像音乐流开了

你的宁静像音乐流开了

这些乳白色的液体就在我四周泛溢

这些乳白色的液体就在我四周泛溢

……

一树红扑扑的橘子

你就像一树红扑扑的橘子
在山坡那边的风中轻荡
诱我顺着缕缕幽香
走上弯弯的小道

你就在那，山歌样轻佻
留着平头，穿着青布短褂
趁着二两白干的后劲
我要按住小鸟飞过的银光

你就在那，端坐在院子中央
任核桃树殷勤地撑出一地阴凉
我和狗趴在竹篱笆后
狗就在我怀中呼呼进入梦乡

你就在那，这鲜丽的清晨

柔和的黄昏和着春风中蓓蕾的歌唱

山沟里水在流，小鸟在飞

你就在那，就在我对面抹不掉的白墙上

你的出现

七月的夜款款送出你的倩影
黑色的画布上流动着绝妙的线条
这里没有西方画渲染的油彩
轻轻波动的，是东方画神奇意远的美韵

这就是从青翠的秦岭山下走来的女子么
清秀的脸上还萦绕着滋润的山雾
绢细的乌发正飘送出“赶牲灵”的旋律
灵巧的身段藏不住“扭秧歌”的轻盈和洒脱

这就是从七月流出来的一泓清泉么
这就是夏夜的园中盛开的荷花么
你无意中走在夏夜的幕布上
无意中走过我的门口，掀动了我的七月

七月的夜款款送出你的倩影

看不见的琴弦拨出了明快又温柔的和弦

这里便有了贝多芬月光下的奏鸣曲

也有了被“无意”折腾出的心跳和惊叹

一对安琪儿

树林上空
春天的风在疯狂
起伏着嫩绿的枝叶
似云絮，似波浪

似云絮，似波浪
绿色任春风摇荡
翻滚着
多么年轻，多么漂亮

还有一阵阵
柔和又热烈的歌唱
树林中
春天的风在疯狂

风逗着枝干

枝叶逗着风

风缠着枝叶

枝叶搂住了风

风和枝叶

枝叶和风

在树林上空，在树林子里……

一对春天的安琪儿

生动的面孔

你从哪借来这副生动的面孔
给我枯燥的办公室突如其来的辉映
你从哪牵来这副灵活的嗓音
让我又浪游于丽山秀水之中

我醉心玫瑰的妩媚和细雨的缠绵
也奔放于春风的放肆和阳光的明艳
还常常舒心地吼叫在巨瀑前群峰间
你却在瞬间把这一切神奇地再现

我想与你游戏现代人的洒脱与随便
高尚和伟业都在你我的欢笑与逗趣里
相逢的一笑震散了牵强的宫殿
离别一瞥使虚伪变成了灰烬

你从哪借来这副生动的面孔

让我游戏生活的手触摸到了血管的热度

你又从哪牵来这副灵活的嗓音

让我明天的枝丫无理由地茂盛起来

你的目光站在那

你的目光站在那，像你一样
像你一样年轻，透亮又慌张
你的目光跑过来，一声警钟
我呢，正单身一人去远方

你目光后是一片蓝色海洋
蓝色的海洋可是我的梦想
微风起伏着你的秀发
是我熟悉的山峦在悄悄张望

你的目光下是婀娜多姿的体态
恰是一首透亮的情歌悠扬
我多想去那丰满急促的胸脯
沿着玉色手臂走下山冈

你的目光站在那，像你一样

像你一样年轻，透亮又慌张

乘着这漂浮醉人的小舟，我回去了

又回到了那片蓝色的海洋

我走过时……

我走过时只有一丝不易察觉的微风掠过
我走过时只轻轻地把坚硬的街道触及
我走过时只瞬时挡住了左边的墙看右边墙
我走过时让那女孩看远处的视线暂时模糊

请借给我你的目光

请借给我你的目光
当我的目光为你用尽了的时候
请借给我你的目光
因为你还从未对我使用过
你的目光

恋

夏天来得并不干脆
像胆小的女孩不敢下水
夏天总是被人们推拉着
像农村的新娘
总有几番周折才会过门
把小伙子的心提到了喉口

呵，该来了吧
夏天的黄昏是明亮又炽热的
夏天的色彩是浑浊又旋转的
鲜丽的肌肤在阳光下宛若清澈的湖
还有傍晚时河边悠长的散步
夜里的凉风，失眠的折磨

呵，该来了吧
春天的花已经凋谢，大地正一片碧绿

我的思念

这是四月的雨
大地在悄悄地感触在静静地丰满
在泥土里在树枝上
在河道中也在夕阳告别时

火热的夏天呵
就在这四月痛楚的缠绵中
在四月执着的劳作里
在一场接一场的雨雾中，步步逼近

偶 然

阳光洒在我身上
还有一阵雨后的清爽
还有一阵雨后的清爽
我突然忆起了你的形象

宛若久已忘掉的礼物
又突然出现在你身旁
奇妙的幻觉紧紧抓住我
我认定你就像前边那位姑娘

活泼的脸蛋，纤秀的五官
娇小的身躯，调皮的目光
这样清晰，美丽可掬
我心里一片涟漪轻荡

你为什么在这里

记得我们从前相遇的时光
那时我们也是偶然相遇
随后，彼此相忘，天各一方

终于，我看清了前边那位女孩
她并不是我偶然遇见的漂亮姑娘
而我依然为幻觉所陶醉
这一片阳光，这一片清爽

我极力……

我极力使我的目光不走上那天我们走过的路
我极力使我的身体不溶于那天我们待过的夜色
我极力使我的嗓音不追随那天我们穿过的阳光
我极力使我的双手不沉溺那天我们游戏过的风

……

而我却常常犯下这样的错误
无论在喧嚣的市场，还是在寂静的办公室
那天的星宿，那天的谈笑，那天的沉默
都随着那天任性的风任性地来了

任性地来了，还有心跳的三月，陌生的街道
和麦田旁马车吱哑声响，于是
朋友中我有意或无意的失态便引来
一串紫黑色的解释不清的解释

沉重的雨滴压下了……

沉重的雨滴压下了
人和轮胎阳光下走出的尘沙
风裹紧了衣衫
呆呆地站在高楼下

人群在城市里挪来挪去
彼此交换着位置
那死去的微笑的灰泥
溅上了各式各样的裤角

这座活的森林里
传送带似的街道忙忙碌碌
纷争着，一朵朵盛开的花
一片片雨中的落叶

远处天地浑然一色

黑色的雨丝垂附着
额上热闹的珠子
湿地上一簇簇晃动的幽灵

沉重的雨滴压下了
人和轮胎阳光下走出的尘沙
曾经和人们调情的尘沙
风呆呆地站在高楼下

突然间……

突然间，电闪雷鸣，天空像在发誓
乌云密集，狂风似恶浪涌起
鬼魂到处奔，追赶行路人
追赶行路人，恶风扯破了嗓子

一排排大树披散着头发
反抗中被削去一把把乱枝乱叶
沉甸甸的油菜旋扭着
似泼妇打架时的衣衫

飓风的无数双手驱赶着牲灵
人们用脚上的力量抵触着时间
头上的乌云要把一切锁上
人们的心被提起来，压扁了喉管

天上，狂风和乌云在奔跑、在游戏

地上，人们在诅咒、在感受、在忘却
大自然呵，掀动的人流也是你发作时的波浪
波浪中我们尝到了欢悦

这壮观的合唱终于平息下来
天空那张收紧抖动的脸又渐次开朗、平息
燥热的念头们已经消遁，留下的
是善良，是温顺，是小草的轻声细语

人们忘记了回家却到了家
站在窗户旁，看着大自然轻轻地喘息
心头依旧翻腾，不能平息
不知为什么，这时的天空却又无声地下起了小雨

拥抱你的眼泪

无言的恸哭中

你的身影

被映进无数晶莹的泪滴中

不管头上有没有太阳

我只想

拥抱你的眼泪

依 托

怎样的房屋

可以给我

纵横阡陌的小路

一个依托

午夜的闪电

午夜的闪电
把一串刺眼的珠子
挂在大地丰腴的脖子上
她再不能均匀地呼吸

她再不能均匀地呼吸
胸前这一阵苍白的光环
是夏天光的回忆
回忆，她的身子微微倾向从前

在一把把撕破的风中
她不禁倾向从前
这风不如春天的风纤细、热烈
而她本想在空淡中安眠

空旷的田野，枯去的树枝

还有失去哗哗声响的溪沟
她本想在空淡中休栖
忙碌的夏天已积够了愁悔

夜晚，狰狞的山洞里
梦带着风雨来访
一切又再现了，那沉痛又舒心的吼声
那挤走一切又带来一切的光

一切终于慢慢地归于宁静
金黄的树叶在雨水中飘落，飘落
整个大地成了一张湿透的脸
她哟，是痛悔，是感激，还是都已过去

我不想再向你解释了

我不想再向你解释了
出了地铁，又挤上公共汽车
我不想再跟着你生气的背影
语言，这些苍白的小旗

无论我怎么挥舞也不能
让胜利者重新评价战败者的价值
我总想扭转你的背影
总想黑夜会举起黎明的花束

抢红灯，过马路
更坚强的汽车流让我歇息了
不想再向你解释了
我得习惯回头的慢步

不想再向你解释了

解释夏天无常的阵雨

解释末班车的速度和冷风

因为对于你，夏天和秋天都无差异

我无意去把你诱惑

当你被我向往大海的眼神所吸引
当你被我双手放出的绿色所打动
当你被我渴慕阳光的声音诱惑
当你被我双脚滞重的跫音感染

你纤细的裸脚就在我沙滩上漫步
你好奇的明眸就在我绿色森林里顾盼
你热情的手臂就在我光帘里欢舞
你温柔的叹息就在我潮湿的夜里浮泛

我无意引你来我寂寞的林子
我无意诱你随我孤单的脚步
我沉醉于绿色的山坡，清新的阳光
我沉醉于黎明的喧嚣，黄昏的静谧

细雨模糊的画面，狂风弄乱的枝头

月光惊醒的山鸟，夜晚析出的溪流
我无意邀人作伴，在玫瑰色的晚天
我无意请人演戏，在雨后的野山坡上

疲倦了对明天苍白的安排
困乏了，即使爱的缠拥，呐喊的冲动
文字，花圈样留给后人的抚摸和叹息
我去了，想去到很远很远的地方……

我向往大海的眼神无意把你吸引
我渴慕阳光的声音无意把你诱惑
请别打扰我寂寞的森林，清晨或午夜
请别附和我孤单的脚步，轻松或凝滞

一切都无所谓了……

一切都无所谓了，黄昏的雨雾
这破席已慢慢吞噬了秋天的田野
公路旁隐约的树尖有什么可乞求
这些洪水中绝望了的桅杆

这是一双拖着沉重脚步的原野
绵绵雨像是片片蝗虫飞落
那轻盈的白云翅膀折断了
原野这种神秘、凄楚的教士要走向哪里

日光被枯去的树缠上
一切都无所谓了，天空这张庞大的牛皮
有谁此时洒脱地走在泥泞的路上
拦住牧童寻问酒家

一切都无所谓了，黄昏已软下去

没有谁再去用生命感受抒情诗的魅力
秋天枉然把手伸向千家万户
春天、秋天只不过是纸片上的文字

可否能看见些熟悉的歌谣——
翩飞的蝴蝶，袅袅炊烟淡蓝、淡蓝
无所谓了，这黄色的包车走过扩展的城市
正拖着秋天的田野彳亍向前

疲倦的太阳……

疲倦的太阳靠在天边
正午散尽
遍地弹片
路上又多了回家的人

黄黄的麦穗在张望
地上一堆堆打下的麦秆
那边田里还铺着席
连枷正拍打着脆热的油菜

像昨天，去年
也像明天
人们匆匆挤上回家的路
擦肩而过

拥挤着，和着轮子

把一天天卷了去
路上两条夏天的符号
裙子在风中飘来荡去

公鸡在院子里溜达
磨得铮亮的锄头靠在墙上
小花狗望着陌生的过路人
小娃娃跟着爷爷走回家

疲倦的太阳靠在了天边
时间在踌躇
回去还是向前
疲倦的人挤满了回家的路

风 景……

坐在屋子里
看墙上的画
一幅美丽的风景画
在画框里

坐在窗户旁
看外面原野
美妙恰是墙上那幅风景画
在窗格里

走下楼去
想看一看原野
烟囱和高楼
横在风景上

想看一看原野

一幅没有画框的风景

我知道我还得

走很远很远

门外的阳光多欢快

门外的阳光欢快自在
它们是遍地绚丽的鲜花
是晶亮、调皮的溪水
是唱歌、舞蹈的孩子

走吧，轻松地走出门
别让心落进沉沉的水泥地板
太阳已为你把路牵向远方
别哭泣，也别让什么堵在喉管

像古人说的，一切都转瞬即逝
爱情、冲动，还有喉头的梗塞
微笑吧，面对你将离开的爱人
爱情最珍爱离别时的微笑

微笑，其他什么也别说

看户外的阳光多欢快自在
就是地上的阴影也柔和、恬淡
老子曰：顺其自然

快走吧，别管怎样走出门外
别再跌进已撕破的蜘蛛网
也别让那玩意儿老卡在喉管
爱情最宠临别时的微笑

我是怎样走进黄昏里……

我是怎样走进黄昏里
温顺地坐在这画的右下角
时间垂下她的手臂
轻轻地搭在我肩上

远天残红，一颗樱桃
被含在起伏的山峦间
像一条洗白了的牛仔裤
天空淡了，带去了正午的鲜艳

微风在树林间浮游
树叶就在风里洗着
那还有点发烫的手
我就在清凉的河边静坐

大家静下来闲谈

草垛旁的水牛，疲惫的小路
没有谁从这幅画里站出来
都找到了自己的色彩和位置

夜色开始拉上画帘
萤火虫已默默地做下记录
我是怎样走进黄昏里
温顺地坐在这画的右下角

秋 天

秋天在时间的枝头上喷香
秋天让落叶在临终前展现它最辉煌的时光
秋天在太阳回头时灿烂的一瞥中到来
秋天让街灯在夜里清静、潮湿的路面上明晃

秋天在远方的田野芳妍着自己的色彩和奇香
秋天在城市的孤芳自赏中轻轻地来去
秋天在远方农人的微笑里盛开又结果
秋天在城市人群的不紧不慢中淡淡溜走

秋天在人们湍急的河流处拓宽、平缓
谐和着树叶的宁静，人们平静地谈着将来和过去
人们平静地谈着将来和过去
软软的落叶已铺满了从前的小道，起起伏伏

秋天让我心安理得地在阳光下沐浴

秋天让我平心静气地走在淡冷淡冷的雨巷里

秋天来了，终可以平静地讲诉我的故事

秋天来了，我可否再有淡蓝色的梦想和愁郁

追忆

一把旋转着的
黑色大伞下面
时而细雨绵绵
时而狂风暴雨

还有许多路口

你想对他（她）说：“我爱你”
也许你觉得这不自然，或有几分羞涩
可也许你认为这话一说出就太白，也太陈旧
不管是用嘴说，还是用眼睛说

或是你在他面前低着头
微红着脸，手不住地搓着自己的裙边
或是你在她面前目光忧愁
脸颊苍白，不住地讲着自己也听不清的语言

也许你觉得这些都太过时
你担心它们能穿过汽车如流的街道吗
它们会在不断膨胀起来的丛林中迷路吗
它们会同啤酒易拉罐一同被扔掉吧

于是你只是对他（她）说：“我随便”

目光里还得露出一副无所谓的神态
这样既轻松，又有现代情调
也不用担心情感挖掘后的寂寞难耐

你们俩从不断来去的人群中走到一起
又各自走向远方，也许你们技巧不娴熟
也许你们没有缘分，也许你们一开始就该……
但你们都知道自己的前面还有许多、许多路口

曾 经

曾经我属于你
恰是一个明媚的日子
大地属于蓝天，海洋映着白云
森林中阳光朵朵

曾经我属于你
就像活的日子盛满活的人
每一叹息，每一疲倦
枝头上旧叶凋零

“曾经”已经过去
空了的酒瓶，逝去的云
面对往昔的热烈
墙角的一幅旧画

“曾经”已经过去

我是否也该用什么还债

记忆是一条小蛇

正轻轻地爬过我的现在

本来我们可以做一番故事……

本来我们可以做一番故事
趁着月色把温馨的草坪照亮
本来我们可以做一番故事
氤氲的夜雾正在树林子里晃荡

当山风把你的裤角吹得发响
当你慌张的倒影映在宁静的池塘
我想随风抖散你的长发
我想悄悄捧起那把慌张

或许我装模作样吼两句山歌
然后轻轻似流水淌到你身旁
当你被我紫色的目光打动
当你把我的节目洗白，空荡

本来我们可以做一番故事

本来我们可以做一番故事
你惊讶我的都市味
我呢，又忆起孩提时野山坡的游戏

本来我们可以做一番故事
幽静的山沟，清香的麦草堆上
我还是转身走进了夕阳落不下去的地方
把清瘦的背影留给那唱歌的姑娘

热恋以后

独自

走在秋天空旷的田野上

却不知是丰收

还是欠收

湍急的河流

被拉宽了

却不知是靠向大海

还是要进入新的峡谷

大雨过去……

大雨过去，微风敛迹
一场争斗已经结束
一切都显得疲惫又柔和
太阳正从乌云后平稳地走出

一场争斗已经结束
到处是宁静、潮湿的气息
田野是透明的
森林是透明的，除了涨水的沟渠

枝头上垂挂着水珠
蝴蝶在鲜花上栖息
人们纷纷走出家门
又开始忙碌在田地

谁知他们心情怎样

谁知他们扶起倒下的稻子时
双手怎样
可这会儿的天空和大地多美丽

婆娘们又洗开了衣裳
娃娃们在大院坝里戏水追逐
狗儿开始向过路人吠叫
只有抽旱烟的老头沉默无声

哦大雨过去，多奇妙的景致
像一朵独花绽开在原野
慢慢的，大地又开始燃烧，明晃
明晃在这个不会长久平静的季节

给——

用拐杖在地上写出了一行行痛苦、热烈、悲壮的诗
用杖头敲打着残酷的大地琴键
他在索取，他在奉献
用带着微笑与眼泪的声音和双手

书写着、敲打着，这无情却公正的大地
书写着、敲打着，灵巧、微妙、疯狂、亢奋
他呼唤了生活的风暴
他又运筹着生活的风暴

他的精神是人群中魁梧的巨人，是非洲的森林
是多瑙河上的月光，是永远飞翔着的普罗米修斯
不屈于命运，身着天火向寒冷、漆黑的大地飞着的天神
而人们只含着同情不解的目光注视着他的残疾

他孤独地在小屋中瞥见了痛苦后走来的欢乐

在阳光中倾听着，创造着日夜向他纷涌而来的彩色声音

这也像他自己的灵魂，被撕碎了的又汇聚起来的灵魂

而破烂的床头上是一幅孩子与母亲恬静的画面

我躲过了……

我躲过了你最深情的一瞥
却永远留住了她的纯洁、善良和温柔
还有那一份最为珍贵的安宁
她给我紊乱的生活以平息、护佑

你美丽的容颜出现在我滞重的记忆里
恰似一朵菊花开在冬日寂寞的田畴
面对过去和将来，我一片废墟
却注定要在希望的云翳下挣扎、低就

乌云收回了月光同情的手
就是淡淡的夕阳也不适应我这浑浊的眼球
谁要了解到这病态的生活谁就厌弃
就像对四月阴雨的天气诅咒

你呵，我纯洁、美丽的化身

也会为我这堕落了的情绪难受

那片真心经得起风暴的冲击吗

倘若我爱，那定是世界上最疯狂的一个

我躲过你最深情的一瞥

却永远留住了她的纯洁、善良和温柔

还有那一份最为珍贵的安宁

她给我紊乱的生活以平息、护佑

这个季节

我不想在这个季节认识你
这是一个成熟、收获的季节
而我还没播种，也没耕耘
我不想在这个季节认识你

尽管你依旧上班、下班、回家
尽管你依旧走着自己的春夏秋冬
我不想在这个季节认识你
我无法在一个季节又播种又收获

于是我伫立在你走过的路旁阴影里
让你继续轻松地走走自己的路
于是我让种子随灰色的风沙埋下
孤独守那份或许贫瘠的收获

我不想在这个季节认识你

这是一个成熟、收获的季节

而我还没播种，也没耕耘

我不想在这个季节认识你

我不知道

我不知道秋天是怎样
把颜色降落到大街小巷
我不知道秋天是怎样
在凉风的感觉里丰满

从春到冬紫禁城都是红墙金瓦
从正月到腊月的街道都被塞满
姑娘们用服装涂抹四季
屋子里是静候冬天的暖气管

秋天是怎样进入夜雨的潮湿
天高云淡又是怎样阔清了秋天的嗓音
院墙上的青藤刻出了秋天的皱纹
变换的服装摊在捕捉秋天的气息

我不知道这一切是怎样
触及到扩展的脚手架
我不知道这一切又是怎样
抚摸从车间和办公楼里跌下来的人群

于是，在湿漉漉的街面上，在光焰的哆嗦里
在无奈中抬头的壮丽天空中
在离开人群的孤独里，在自由市场的叫卖声中
我想感觉到，我要感觉到

秋天是怎样降落到无垠的大地和乡村
是怎样降落到这花花绿绿的城市
又是怎样在一阵紧一阵的风中
把山野和自己，也把城市变得丰满

脱去了秋天金色的衣衫

脱去了秋天金色的衣衫
大地就褪出了一片空淡、闲散
宁静的田野、消瘦的河湾
浅浅的水倒映着岸边光秃秃的树干

低矮的土坡，发黄的草坪
午后的阳光正透过稀疏的竹林
霏霏麦苗，淡淡烟雾
看似古画，听又似山泉潺吟

平常又恰似起居室的台历
或常挂在老人脸上的微笑
落寞的岸边一人闲坐
遐想似一缕白烟袅袅

脱去了秋天金色的衣衫

大地就褪出了一片空淡、闲散

河水不再喧腾、歌唱

安安静静，一片白卵石从河底析出，静静安安

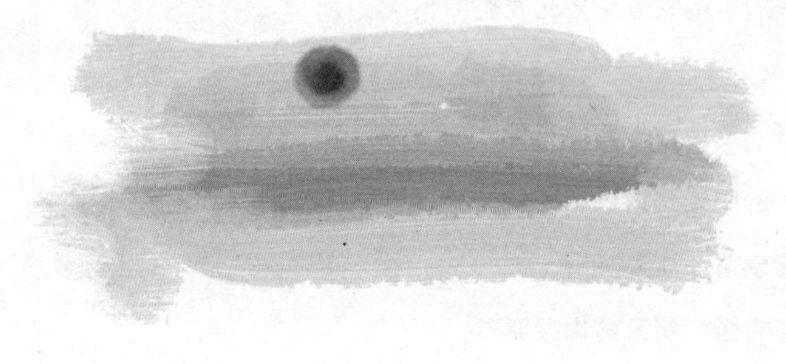

冬天是一只天鹅游来

一场接一场秋雨
夏天成了一只落水的猫
一场接一场秋雨
冬天是一只天鹅游来

原野显得安分、宁静
只有雨水滴答诵经
田里的僧人已进入另一世界
这些庄严肃穆的稻草人

有几缕风在扑腾
是打湿了的鸟儿羽翅
枯叶悄然飘落
光秃秃的树，遐想中陷入

黄昏淡了，鸟儿去了

白昼渐次收紧

昔日热闹的打谷场

开始变得空旷宁静

枯树丫，枯水沟

还有戴灰棉帽的天空

都默默地交换着一个信息

在一场场秋雨里

一场接一场秋雨

夏天已随落叶飘散

一场接一场秋雨

冬天是一只天鹅游来

冬天和远古

冬天的太阳像画样
像画样亲切、柔和、不耀眼
清晨的白雾小心地褪去
树枝还是挂破了它的衣衫

走出这晦涩、难懂的地方
我一人去野外放牧这份情感
沿着凉风瑟瑟的河岸
太阳已泛出一片哆嗦的光焰

拐进一家喧闹的茶馆
我独坐在阳光照射的天井下边
一碗三花苦涩又清甜
淡泊了我那浑浊的时间

我孑然一只逆流的小舟

驶向翠鸟啼鸣的林园

还要去抚摸那铮亮的诗句

此中有真意，欲辩已忘言

清渺的远古像画样

像画样亲切、柔和不耀眼

茅屋上淡淡的炊烟

淡淡的，还是染蓝了我的目光和语言

路

新路还没修好
人们还是走旁边的老路
平稳、安全点
也是无意识

慢慢的路就要修成
前边有人走上去
后边就跟上
开始拥挤

新路更平、更宽
也更近
沿河的老道
躺在那里

有时人们走一回

淡了的习惯
也像叙叙旧
沿着河边

新路被装上漂亮的路灯
更热闹、繁华
老路开始荒芜
杂草丛生

偶尔有人去那散散步
看看河水、换换空气
有意或无意
看看河水，换换空气

重逢

我们的目光一前一后趟水过河
浑浊的水不知深浅，提着裤角摸索
目光的后面隐隐约约，在似画的夜色中
是静静的河湾和倾斜的山坡

我们交谈着，语言们像牛啃过的麦田
又像淡蓝色天边参差不齐的山峦
时间在我们身后慢慢地踱着方步
月光就要从远处照亮那熟悉的河湾

我们都知道怎样敌过那难堪的沉默
说不清楚的微笑涌上这片荒芜
月光就要照亮那片熟悉的小河湾
从远古走过来的星星就在我们头顶诉说

在一阵难言的喜悦中，我分明感到那凉爽的夜

和夜色中流动的河湾及附贴着的山坡
我们都想抹平这参差不齐的话语
却又都摆出一副牵强的老练与礼貌

于是，我们静静地交谈，天南海北
像在织就一件谁也等不及的毛衣
慢慢的，几年前我们发亮的阴影终于
投到了我们今天这恬静又慌张的树林里

呵，一切都旋转开了，四散了
浑浊的水，凉爽的夜，还有山坡、树林、河湾
时间在我们紧握一起的手下垂着头
只有那愈来愈亮、愈来愈亮的明天站在对岸

冬天的回头

苍白又沉静的目光

削去了刚拱出的新芽

回头时它无可奈何的前额

和抱歉的颈部

都在说：请原谅我

心平气和地走完自己的路

几年前，我们还年轻，我们相识了
我们一起游戏、爬山、嬉玩
我们都感觉有片光明在前面
有片光明在前面，我们却分了手

我们分了手，时间过去了五个春秋
从遥远的地方我又回到了你的身边
带着陌生又不陌生的笑容和静默
还有那生锈了的当年你喜欢过的声音和谎言

不管情愿不情愿时间让我们
垂着头，协调又自然地走上了生活之路
或许我们懂得了光明就在我们平和的步履间
或许光明就在那个年岁的前面

如今你成了别人的妻子

日复一日，你现在过得并不十分称心
从我瞥见你的那一刹那，我看出了
这灰色的东西，它同样也有些流出我的眼神

现在我依旧在外漂泊，形单影只
是否岁月已经让我们的青鸟长大，开始飞翔
但我们还得各自走完自己的路，你和你的爱人
会过得很好，我呢？再去遥远的地方

也许在当初那个岔路口我们另外选择
也许没有分离我们的田野不会成熟
不管怎样，我们还得心平气和地走完自己的路
不管怎样，我们还得心平气和地走完自己的路

秋天的太阳

秋天的太阳是男人们的微笑
刚出土的麦苗眯缝着双眼
远处走来两位割韭菜的红色女子
一段恍惚的记忆飘落闪现

宁静的河湾在竹林后隐隐约约
是一扇微风中飘起的绿色窗帘
岸边乱哄哄的碎黄，火星点点
午睡后模糊的菊花一片

竹林中旧色、新色交织
是月光下一张熟悉的脸蛋
在风雨平静后卷来的宁静里
打湿的台阶把过去映现

躺在黄色的草垛上

全身解开，是秋天的落叶
在一条幽深幽深的路上
洒醉了我，飘落开身上的零星斑点

一种莫名的念头让我奔泻
慢慢的，慢慢的，我露出了宽慰的笑颜
秋天的太阳是男人的微笑
刚出土的麦苗眯缝着双眼

当你从我身旁……

当你从身旁走过时
我取下你绽开一树花的时辰
我取下你绽开一树花的时辰
走过了一个短暂的春季

当光秃的枝干从光秃的原野上生出
十二月给了我一个清冷的尾音
我依附着你随意抖落的温热
它们盖过了舞厅彩色的音符

我要转身别了过去
捧出一个比一个更亮的黎明
我要盛下你溢出来的细瀑
光秃的枝干就不会枉然伸出

我扎起一把秋天的黄昏

收割的馨香把你拴在蓝色的田野
我要育养你炊烟似的柔情
和田间小道上长久的重影

过墙的红杏没有白白让我年轻
走过的一个又一个春季在交织
一切呵，把我拥入一个不死的季节
这都是，当你从身旁走过时

夏天已经来临

夏天已经来临，明晃晃的季节
我却糊里糊涂地爱上别人的妻子
糊里糊涂地爱上了别人的妻子
走上了一条不该走的路

夏天的阳光决堤了，热烈又苍白
出汗的皮肤四处寻找走过的风
新的爱恋和烦扰，新的梦魇和眼泪
都深深陷进这阳光的诱惑之中

夏天来了，黄昏的街道更加拥挤
寻找感觉的脚步吻合上发泄郁闷的心跳
我糊里糊涂走上了一条昙花似的路
时间就在不远处等着给画上句号

我能否从歧路上拐回我孤单的路

我能否稳住紊乱的白昼和急喘的夜晚
戏演乏了，我该再当我的观众
再去钟爱的菩提树下歌吟、闲散

夏天已经来临，明晃晃的季节
我却糊里糊涂地爱上别人的妻子
糊里糊涂地爱上别人的妻子
这新鲜的错误还要把我烦扰几时

误 会

目光跌落在光裸的脚背上
我的形体在坚硬的街沿上挪动
你离开了我，黑色的误会后
声影都陷进沼泽之中

花花绿绿的人和车在街上涌动涌动
岸边的大厦正使劲抵着挤出的地皮

你离开了我，没有最后的狂风暴雨
沉默似茶水慢慢清淡了你我的深思
双手插进裤兜里，两肩微耸
观众的注视中止了我欲出的泪滴

花花绿绿的人和车在街上涌动涌动
岸边的大厦正使劲抵着挤出的地皮

过去的戏里，激情销蚀了我的生命
敏感的触角舔舐着每一步的角度和灰烬
我站在街沿上，远处尖顶绘写出我的目光
散场了，我又在黑幕下的观众席上凄清

花花绿绿的人和车向前涌动涌动
从一个十字路口到另一个十字路口

流走又流来的人群犹如静止不动
逆车流我随意甩着短而粗的步子
她离开了我，不可收拾的追忆向外奔涌
终于潮退了，留下现在岸上这飘零的脚步

花花绿绿的人和车向前涌动涌动
从一个十字路口到另一个十字路口

坐在我身旁

在夏天最后的光热里

你给我送来了流水式的乡音

透过这稠密的话语

我又可瞥见昔日的光影

过去在时间的玻璃上模糊了

现在被冲洗得铮亮

拨开曾有的苍白梦幻

我，要你的微笑实实在在坐在身旁

说不清

说不清你是怎样冲散了我的堤岸
说不清你怎样走进了我未来的画面
夜晚末班车上男女的戏语
潮湿街面上映出的节日光焰

疲倦后话语的简洁和粗糙
还有人行道上脚步的紊乱
说不清你怎样走进了我未来的画面
说不清你是怎样冲散了我的堤岸

下篇 试验自己

在废墟上高楼的建造中试验自己

在铝合金窗框的反光中试验自己

在被阳光苗条的咖啡烟雾中试验自己

在频繁更换情人体味与姿势中试验自己

在同性恋新奇陶醉厌倦和对婚姻的渴望中试验自己

恋曲

一

这就是你的双脚你的身体你的感觉还在烂醉如泥的夜上徜徉吗

他们说：你不要玩火

你把自己的昨天明天和今天都撕成了粉碎　在凝视她的目光中又把它们扎成一束吼叫的刺眼的鲜花

她说你是从墓地游过来的疯子

你在她转身送给你的海洋中慢慢沉溺下去

这就是你的双脚你的身体你的感觉在撞击潮湿坚硬的路面又时而抚摸着漂浮起来的房屋吗

该是怎样的节奏在这个时刻

你把自己放在现实与梦想瞬间与永恒无休止的断裂与衔接之中

你说她至少应该拉一下你滚烫的手

热爱她亦如热爱疯狂热爱死亡你由此血红苍白而残酷又

不幸了

这就是你么

午夜的街道上满身泥土的你么

二

有人要拭去你目光上的泪渍

醒来了吗　十月的阳光柔和又宽容的阳光照着山坡的枯木照着青灰色的房屋照着下班疲惫的人群照着小孩伸出的胳膊也照着你的身前身后

苦行僧似的恋爱折磨着阳光折磨着微笑也折磨着她伸给你的手和跑向你的脚步

你的折磨让上帝痛悔他带给人类的圣果和箭

你的折磨又划破了黑幕　把生命映得雪亮

今天的泥土不停地在过去的墙上松散　你却想用筋骨缚在泥土间让缔造万物的真气复苏

你还会长久地挤靠在这花花绿绿的方船上吗

得为她穿得体面些　学会一些必要的眼神和手势

而你笨拙得连最后的懊丧都似石头掉在了你自己的脚上

上帝正拭去你目光上的泪花

三

你哭了吗

在酒精任性的帮助下

严酷的现实捣毁了你的幻想亦如被生活所迫而变得暴戾的父亲一脚踢翻孩子精心做的玩具城

亦如春天的霜雪冻死了露头的新芽

你哭了吗

拿生命和爱情下赌的赌徒

一切的幻想成了悬吊的尸体在你身前身后弄得你的孤独血管通红而暴裂你的目光是破碎的火星　世界在这最后的灿烂中旋转又暗淡下去

你回头的肌肉和身影恰似凡·高那双泥泞中拔出的鞋子

你哭了么

该放下裤角慢慢走进城市的人群中　该在影院门口把目光眺得高高的　该在厨房的豆油味里唱一唱小曲……

你哭了么

扭曲着自己的双腿　让一只混在上下班的人流中而另一只却在树林子里晃荡

你哭了么

四

你的愤怒鼓满了夜的血管

琉璃的月色里还能听得见少女的叹息似门德尔松的音乐吗

让淡绿色的布帘垂在你的眼前

活着　还是死去　这古老的问题早该进坟墓

而你的徘徊闪电似的把它惊骇得处子般赤裸

人们忙忙碌碌　狂悲和狂喜都匆匆而过

你还想套上牛车去东坡开垦你草屋前的荒地让绿色生命在你四周曼延吗

你还会举起梦幻的花束在拥挤的街道撞来撞去让汽车带走你的花片也带走你的愤怒吗

而你的生命就在这两季回荡的节奏中衰老了　伟大的事业由此也被耽搁了

你在愤怒的暴风雨后又踱回那份似更疯狂的围墙之中了

五

你说你热爱

而你却为什么总想退出这舞台站在远处的树荫下观看呢

她用爱唱出百灵鸟的山歌为你也为自己

而你却要去那远远的阴暗的地方

你为什么要创造这份所谓的哲学家的距离孤独而毁了你和她交错在一起的欢笑和幸福呢

你究竟在怎样解剖爱和生活而又在手术中尝到苦刑里的乐与真呢

她用歌声也用眼泪打扮了你冥想的时光

人呵

在和神的一步之差及万步之遥间做怎样的体验

爱和恨和自私和虚伪和嫉妒和死和生和高尚和奉献和永恒不间断地冲撞着逃离着欺骗着坦率着你和你的肉体及灵魂

呵　在众多杂乱的倾诉戮杀泼染中你被出落成情感与悲剧之纯子

而她正慢慢地远去了

试验自己

——21 世纪的疯话

在废墟上高楼的建造中试验自己在铝合金窗框的反光中试验自己在被阳光苗条的咖啡烟雾中试验自己

在频繁更换情人体味与姿势中试验自己在同性恋新奇陶醉厌倦和对婚姻的渴望中试验自己

在商场偷窃的紧张与成功的快感中在搭错车的悔恨在走出赌场的高贵握手中试验自己

在双方都知道的欺骗虚伪与玩弄中试验自己

在 OK 厅拙劣的吼叫及羞涩的枝条上试验自己在背着双手对未来沉醉的踱步中试验自己

在演戏后沉淀出的疲惫中在观众席的清醒里在大海旁的孤寂中试验自己

在酒精的紫色灿烂的呕吐物中在毒品注射进牛皮似的皮肤里试验自己

在黎明时窗前的静坐中试验自己

在和猩猩交谈与共枕中试验自己在陡山险峰上的汗水和

冒险中试验自己

在各种自我折磨的幸福与满足中试验自己

在渴望身体变成异性的虔诚与奋斗中也在父亲妹妹及别人对自己的错位感觉中试验自己

在百依百顺地对仇人的伺候中在雷锋般对待别人而巴柯模似的对待自己中试验自己

在自杀未果与街道的新感觉中试验自己

在主义信念的花圈燃烧中在金钱泛滥的浪潮涌来又退去中试验自己

在四十岁死去时可以瞑目的活法中在一百岁还想再添二十岁的想法里试验自己

在眺望远方的碧绿中在 SENATO 拥挤的画展中试验自己

在疯狂后极度的颓废中机械的工作台上试验自己

在一切情感此起彼伏的暴风骤雨般的竞争中试验自己

在各种体验中寻找自己丰富自己创造自己毁灭自己在约束的反抗中延续在自由的舒适中死亡

在寻找自己时又丢掉了自己

自己是什么

仅仅是　试验自己

越战纪念墙

就是这种感觉

阴霾和着冷雨倾吐出冬天的咒语

从这走下去

你身边是一堵冰凉的大理石墙，是一个接一个呼唤着你呼唤着今天的死难者的名字，是一个个还带着血腥和硝烟味喘息着的名字

起初是你的脚被名字被这些活着的尸体淹没接下去是你的小腿你的大腿你的小腹你的胸你的肩你的头你的发……

四周是模糊的血肉白红的肠衣无身的胳膊猩红的前额糜烂的肚皮背上惨红的玫瑰暴突的眼球脱落的下巴交错成泥的指头……

哭红的目光树枝上的肉丝焦黄又透红的泥土有咸味的风附冲下的秃鹫

你想逃出去逃出去你渴望是蓝蓝的天渴望有孩子们的笑，胃部的痉挛又把你推向医院长长的长长的白色走廊

捆起来的声音在向你呼唤呼唤你去地狱这声音遥远又清楚

这种感觉呵

绿色的草坪上白发老太太在小玻璃柜里翻着阴间的花名册翻着曾经让国家伸出的胳膊激动得通红的历史

旁边是庄重的林肯纪念馆

从越南到古巴到中东到苏联，美国你就这样携带着带腥味的民主和自由去宣泄你的精力去重布世界的秩序

这是一段普通的路，一段普通的墙在华盛顿阔大的市区

走过这的成千上万的亚洲人非洲人美洲人欧洲人和美国人还走回自己的生活

而历史从这走过却永不会走过

无论是你还是别人都不愿意再走一次新的战争纪念墙再有一次这种感觉这种不能也不会忘记的感觉

还有那位白发老太太还有把墙上某个名字擦了又擦的中年妇女……

我们全世界的人都在祈愿

写给一位在美国生活了七年的中国妇女

轻轻地和我碰手后

你一边走　一边微侧着头　和你这个中国老乡老同学寒暄

一转身　你喊着和一个美国朋友拥抱着人们意外相逢的喜悦

我像站在一片刚收过的麦田上

当“你们中国”从你的工作桌上站出来时当你在美国人中说着一口流利的英语时　当你漂亮的衣裙也在每天更换时

你似乎在两堵墙中间灵活地划着自己的曲线

有人倚着门框正目送你离开

人用墙把自己围起来时　就有了轮廓　简单又深沉　鲜明又神秘

当人与人的眼泪欢笑思想传统相互渗透时

变幻颜色与形状的墙　拆开合上又拆开又合上的墙轮廓

人　家庭　民族　国家

世界在发展

墙在蠕动

太阳从东到西又从西到东

当你要灵活光亮的轮廓时当你要沉静入根的轮廓时汇江的溪流飘曳的落叶

当你要丰富自己时你又要纯净自己

我不知道你在大街上偶尔听见中国话时的感觉不知道一些中国人羡慕你是美国人时你的感觉不知道你看见儿时老师的感觉不知道美国人说你是一位漂亮的中国人时的感觉不知道你忙于圣诞大采购时的感觉不知道你看见自己儿子不能写一个中国字时的感觉……

但不管怎样

未来在说：我喜欢你

大西洋赌城

太平洋的蔚蓝和着阳光抚慰着人们从赌场跌出来的目光

不管是白昼还是黑夜　这里都金碧辉煌五光十色

无论是东方人还是西方人　是黑人黄皮肤人还是白人都一样的亢奋沮丧紧张疲惫麻木

24 小时的每一刻都有穿长袜戴高帽的漂亮女郎托盘来到身边　都有这里最美的音乐——金币蹦出来的声音

这里有舞厅有商店有酒吧有各种表演这里没有 24 小时的说法

微笑着似乎消磨时间的老太太　怕别人打搅自己的古板老头　两眼发直盯着转盘的汉子　无所谓地翻着扑克牌的戒指女郎

午夜时从太平洋来的风在门口或磨蹭或喊叫

时间在混浊的灯光和清脆的声音中迷路了

只有疲惫只有沉醉只有沮丧在和未来赌气

大西洋柔情绵绵的海湾大西洋热情奔放的风大西洋深情透亮的湛蓝拥着爬着紫灰色生命的这块蛋糕拥着生命在这里

撑开的各种花片

然而这里并不是一摊死水

永恒的进出鲜红了美国的血管和前额

大西洋边上漂亮的赌城

赌徒的今天和明天

亦如今天兴奋的美国将苍白地站在明天的海岸上

大西洋在月光下的咸风里诉说

美国的青年们

街上行走着沉默叹息吼叫的青年人

吸毒裸泳同性恋朋克战争……美国青年的感觉被撞击被撕裂被杀戮　一切都在瞬间变化死亡又新生

他们厌倦再欣赏蒙娜丽莎甚至有胡须的蒙娜丽莎他们厌倦对金钱的持久狂热厌倦带腥味的对别国的干预

他们静静地走在草坪上

他们叹息自己的工作和未来

他们在新猫王的歇斯底里在和男女群杂中平衡自己图书馆的静默及父辈的目光

他们狂呼在橄榄球的赛场上注视着德国的新纳粹主义

他们迷惘又敏锐得迟钝他们在涂得花花绿绿的墙上汽车上理解国家民主和命运

清秀的他真挚地呼唤要变成女性

她一心想成为一个好女儿好学生要有父亲样对国家对未来对自己对金钱有坚定的信念却又在更大剂量的毒品和情人的不停更换中刺激自己抽打自己以获得不能中止的感觉

自己是什么

打着宽边领带的政府用沉着又迷人的微笑依旧在鼓动民众 24 小时的电视节目在一遍又一遍地放着电话女郎亲切柔和带着金钱味也带着人情味的呼唤

昔日的美国精神……

在地球另一边的中国青年 OK 厅的青年穿着各种文化衫的青年厌倦上一辈玩够了的理想主义忠诚的青年在金钱的潮上滚动的青年走在山里想着媳妇和鸡场的青年终日眺望着大洋彼岸的青年们

又在想什么呢

你的微笑

写在参观联合国总部时

你的微笑

第一流的微笑营养丰富的微笑英格丽·褒曼似的微笑画片上海的微笑可以放在贺年卡上寄走的微笑镜框里活着的微笑

我伸出的手却没能握住这种微笑

联合国的微笑漂亮导游的微笑

墙上英语法语汉语等漂亮文字微笑着欢迎你回家来

和睦友爱自由富足的家

一条走向这种家的长长的路——

微笑的旁边是　纳粹的暴行细菌战的尸坑埃塞俄比亚的儿童运往美洲的劳工艾滋病患者的目光

布什与戈尔巴乔夫握手的巨幅照

下面写着历史的里程碑　冷战的结束

一只老虎与另一只老虎

瓦解淫威主义秩序

我们不仅仅需要餐桌上漂亮的桌布不仅仅需要胸前的镀金纪念章不仅仅需要这种画框里的微笑

海湾战争柬埔寨战争南斯拉夫内战苏联解体中东和谈非洲饥荒第三世界的债务

我们不需要你轻轻掠过这一切的高贵的微笑

我们要哪怕有些粗糙却有力的微笑能传播出你思想的微笑

家

一个世界上各种民族各个地区各种肤色汇合的家

你和我都可以脱掉领带换上拖鞋拉开冰箱拿出冷饮和亲人问好亲吻而窗外是绿色的草坪……

然而疲惫的我和我们都知道还要走很长很长的路

还有你的微笑

可以抚摸的微笑可以交谈的微笑可以让全世界都微笑的微笑

写给一位诗人

一

你困惑

你在城市中困惑在春天的阳光下困惑

赤脚的太阳在城市的尖顶上徜徉　陈旧的血在汩汩流淌似一张褪色的画隐隐约约在你的四周

你握不住季节的手

撩开陈晦的光帘是楼墙和街道

目光碰撞的痛楚中你跌进了如梦的远古

遮天蔽日的森林中赤脚裸身的汉子们在追赶在吆喝受伤的大象在斜坡上奔窜而女人和孩子们围坐的篝火旁带着声响蹦出的火苗粗鲁地映着女人丰满的奶头

穹远的雪地上孤单的狩猎人用冰块引接阳光的火苗

洪水铺天盖地的洪水吞噬万千生灵的洪水　树同树上的人一起被卷走

有了方舟及其不灭的传说

干裂的土地上是干裂的人　肆虐的太阳们把盐巴似的笑泼洒在所有的裂口

又有了山头上勇敢的后羿

大海中拖着渔网的手每天挖山不止的愚公大步追赶太阳的夸父

临产前死去的母亲瘟疫中强壮汉子圆睁的双目洪水中抱着树干的身躯沙漠上张大嘴的尸体……

人类从自然中诞生的人类普通如草木繁衍如草目的人类

在蛮荒的林中在穹远的沙漠里在凶残的水火中在无穷的时间里

要走出来

也走出潺潺的小溪柔和的月光轻快的鸟语馥郁的花香……

人类

从轮子下滚滚而出的是人类的睿智和辉煌

自然在较量后的沉默中伫立在人群的背影中

……

你在楼群中消失又复现　吼得沙哑的嗓子如秋雨绵绵也亦如旧书中发黄的字块

二

你又出现了带着你不健全的四肢

梦幻的涟漪在慢慢散去

站在流淌的街道旁打着花领结的十字路口向你招手出租车迅速带你穿过丛林到达那微笑着等你的姑娘身旁

你用愉快的心抚摸着发达的现代文明

抚摸出那些明亮的颂歌即使午夜孤独的背影也渗透了城市的魅力

城市呵

原野上灿烂的雕塑时间上永远的白昼

他拓展出人类的力量和智慧他奔放了人类的粗犷和胆识他嫁接上人类的肢体他延续着人类的幻想……

惠特曼在贫穷中为之放歌的城市

你的笔你的身体你的情感在宣泄这璀璨的文明这多彩的现实

从远古从原野流浪过来的心在歌唱中宽广又自由起来

三

舒展开的天空被烟雾污染被脚手架撕裂

你困惑

脚迈不过许多看不见的红灯手触摸不上那些花朵而目光消化不了数不尽的窗户和数不尽的墙

城市带着自己手脚心脏和喜恶在原野上发达起来

为生活而交换的物质

为交换而诞生的货币

城市有了自己的血脉也有了自己的细胞

看不见的手在人群在楼房在商店在葬礼上在接吻中在你的身前身后也在你忘记或看不见的地方操纵

这就是你从蛮荒的山里奔出来为之歌唱的文明吗

你困惑

人们在电梯里谋杀在漂亮的窗帘后演戏在洁白的病床上诅咒在繁华的商场里哆嗦在入云的高楼前畏惧在亲人的微笑里疑虑在热闹的公园里悒郁

哦　城市中如蚁或似风的人类

原野　遥远又无声的原野

而双腿陷进迷人都市的你在干涩的歌唱中愈加贫穷和孤独

更因为你那开始眺望远古和自然的心

四

你发誓

要更紧地贴着这陌生又刺眼的现在

你发誓

要忘掉山里的歌和篝火要背过悠久的历史和家教

商品得到最大限度解放的北京喘着粗气追赶着物质文明更发达的西方

边际效益还未滑到令人降温的时候

豪华的别墅漂亮的汽车精神的面孔舒适的服务醉人的夜生活

货币吼叫着开辟自己的新渠道

民主自由选举人权抽象词开始有枝有叶地生长起来

你发誓

要用你的劣质圆珠笔去歌唱和拥抱这场壮观的文明和变化去摒弃远古蛮荒和愚昧

而你的耳际常轰响森林中那雄壮的吆喝声那野牛倒下去的欢呼声那壮士滚下山崖的痛苦声及女人临产前的喊叫声

和城市一起走出自然走出原野

灰色的你磨蹭在小巷的迷幻诱惑与任性中

你嘶哑的笔在歌唱

雄起的屋顶茂盛的脚手架和酒吧里愈加漂亮的女郎

和着迅猛冲泄而来的信息电脑生物革命宇宙飞船无土植物微电子技术

从幻想中掉出来的非欧几何在相对论的物理世界中找到了自己

发达的人类哦

返回自然的智慧

五

而你呢

而人类呢

你惊惧同类们在这发达城市中心甘情愿地消失

人与社会

数不尽的人繁衍出数不尽的人和数不尽的思想观念及数不尽的行为方式却一样依附着城市日益亲密的关怀而到处寻找自己直至头破血流直至成为新的墙壁和路道

“他人就是地狱”城市愈加兴奋和文明的血管里人群在快速地流

无人与你交谈无人与你歌唱也无人读你的粗诗

你孤独地审视着被你用铁丝网圈起来的那份远古那份荒芜那份自己也是那份你平时总得小心绕着它的乡情

商品战的侵略体育场上的兴奋艾滋病的横行不断的战争

昔日的奥林匹克精神呵

无法解开又无法抛弃无法争斗又无法回避的现实和你

在鲜亮的人群中你渴望秋日的堕落

你要成为第二个《恶之花》的颂扬者么

或者粉饰自己

去歌吟悠远的远古去歌吟虚有的爱情去歌吟阳光漫步在冬日田地上的那份闲适

今天没有诗人

亦没有永恒的主题

除了死亡

而巨大的城市繁华与五彩缤纷的背景上

是你低着头在慢慢地走

六

在城市前

你还能像山洪从森林中奔泻出来和着明亮高亢的颂歌吗

你还能似少女用敏感的手指去触摸城市中各种冷冷热热叫人无法忘怀的诱惑吗

你困惑

苍白的你与破烂的牛仔仔装一起磨蹭在厚重的墙根边

林了里明亮的热浪们互相追逐着节日的火焰把各种脸蛋都映得通红很远很远的地方小伙子通红的手伸进了姑娘的前胸很远很远的地方狼群开始出动很远很远的地方野麦正悄悄破土很远很远的地方旅人喘息在滚滚的沙漠

乏力的你在召唤

召唤雄性的腰鼓召唤竹林的雾霰召唤山里湛蓝纯美的海子

甚至召唤撕心裂肺的性爱

而你又自认五千年的文明就在你弱小的步履间

七

城市

从人群中诞生出的城市在自己的生命中茂盛起来

笨拙的你无法驾驭从自己身上蓬勃出的生命及它投向心底的阴影——

不死的那份远古和自然

你掷笔而去

不要文字不要音乐不要上帝不要孔子不要历史不要远古不要……

你要新生

要轻松地从岸上跳到海里去要和城市的轮子一起向原野碾去

八

躁动的夏季

在原野上慢慢地平静下来

迷惑的你而城市和社会依然轩动在宁静的冬季

这些原野上奇特的植物

繁华漂亮舒适新奇

贫富的断裂弥盖朗其罗病毒测不准原理太空中的黑洞……

城市

灰黄的城市你要走向哪里

城市

社会的躯体人类思想与行动的延续与桎梏原野上向四周不断蔓延的花与毒瘤

你倦了

在远古与未来的滑板上上下

困惑和麻木筑起了你新的篱笆你徜徉记忆的湖边如深冬的风擦着城边

你挤车你与领导吵架你要房子你与菜贩讨价你亲吻小孩……

你在困惑中也在实实在在中

亦如这个城市给自己增添新的街道新的楼房新的女孩和新的牢骚

九

你在郊区的小道上踱步

个人似河水都要老去都要流走

而人类与城市如河流与河道依旧

你还写你清新的田园牧歌么

你要卷起春天阳光的旧画么

让孤独与城市与人群与现在碰撞出欢快的温馨的火花

让目光和感觉也有自己的节日

而贫穷的你哦

在幽暗的小屋里困惑

该怎样才能成为商品在货币的渠道里流畅

城市奇特地敛聚着广袤的原野

没有结局

远古和那份闲适那份诗情都在遥远遥远的森林

孤独的太阳赤脚走在城市的上空

被尖顶划破的太阳

血红的水泼溅在大街小巷没有感觉的大街小巷

也泼洒在你身上

陌生的嫉妒

他的手臂里并没有你

你是谁

陌生的，是这份嫉妒

顺着我的头

滑到了地上

理想们聚餐后的桌子

咬得残缺的杯子

酒清浸过的鱼头在喘着粗气

有褐色呕吐物的白色餐布

花生米在桌下睡去

夕阳正好削掉桌子的一半

起哄的回忆

都来了

这些贪吃的小猪崽

从我好不容易围起来的

栅栏外

回头时被别人挡住的一笑

我知道人群中

你跟着我的目光

我知道

我回头一笑

却被突然走上来的人挡住

赌输后的快感

准备好的雪橇

在冬天的山林里

积满雪的枝头

正在透亮的风中

摇晃

隔壁的音乐

隔壁的音箱
又播出她开门、关门的声响
红色漂亮的身影
无意中给一位听众
奏出了不能消失的音乐

烦 闷

用捆束起的念头们

去撞击夜的灰色破鼓

穿灰衣服的酒鬼

他用脚尖
踢着生活的肚脐
他骑在世界的脖子上
而褐色的破毡帽
刚好接住掉下来的理想

贴着风景的欺骗

当你需要收拾你屋子时

当你觉得要点缀你的感觉时

手术台上的幻想

这是参天大树

我在荆棘丛中奔跑

清澈透凉的水

从头上浇下来

我总在涂抹坑坑洼洼的墙

心旅

序

光和影　线条和色彩

在呼吸在撞击在抚摸在死亡也在生长

人们的沉默遐想是光和影之生命延续的土壤是艺术之树的新芽是色彩和形体走向永恒的台阶

中世纪清瘦神秘庄严的画文艺复兴后妩媚又有弹性的光和影印象派表现自然形体及心灵冲突的色彩超现实主义的梦幻野兽派之动觉

我一个普通的参观者

被光和影拥挤着撞击抚摸着也撕裂着

昔日的阴影今天的喘息明日的神秘掠过我心之地

时而舟泛大海时而叶落山谷时而月照松林时而瀑泄高峡

第一章 诱 惑

童年的目光扬起来了

雷诺阿阳台上的少女　柯罗笔下的枫丹白露　塞尚的苹果静物画

春天拱出泥土的光和影在波动

拉斐尔的泉还有圣母的温情把我沐浴

有声音流过来　光和影妩媚宁静的指头和着我的感觉奏起了门德尔松的音乐　春天交响曲　光的弦乐

强烈的色彩夸张的动作喷香的欲望热闹的舞会

我全身心战栗着被俘虏过去

卢本斯的收获　秋天丰收后田里漂亮丰满的女人　柔软蠕动的肌肤温湿泛光的嘴唇膨胀的手身体起伏的光和影

盛满了秋天的光和影

秩序感觉节奏中的美和向往　德加舞台上的少女

数字般组合着的光和影

我眺望的目光丰厚了吗

华丽热闹的费加罗的婚礼　被生活和旋律宠爱之极也折磨之透的莫扎特

热烈粗犷幸福的乡村舞会　马祖卡舞曲

动　静　形　影　光　千百年依旧年轻的合唱

世俗的甜蜜天堂的想往永恒对瞬间的理解　达·芬奇的丽达与鹅　做爱后的慵懒与温馨

我亦如被盛满的器皿又被摔破了

在光和影的春之树林里

第二章　抗 争

传说中的魔笛

年轻热情的生活似五月的田野在退去撞进怀抱的冬季和脚手架林立的都市在扩展

倔强又清冷的光　在街道上行走着的光

淡冷淡冷的雨巷　黑伞下的光和影

教堂里被袈纱起动着的被人群的低头堆拥出的光和阴影

伦勃朗的阴影同苦难吐出的阴影　发霉的桌子蓬松的头发有气无力的衣服躲在阴影后的光的折射被光的呻吟舔去的形体

洪水后被淹过的麦田颓唐的光

而月夜　凡・高的月夜和自画像

和自我和命运和生活抗争又拥抱出的天空们疯狂旋转出的深蓝和星星们热烈又枉然的颤栗

如此真诚又痛苦地涂抹着生活的光影

狂呼着的奔跑着的光也似刀子样深入的光

贝多芬　渴望　痛苦　欢乐

终日与月光和淡蓝色交谈的叶赛宁在城市的医院里为自

己做着永远也做不完的手术　手术刀的光和影摆弄着繁华又风情万种的都市与宁静美丽又落后的乡村

垂下头来的光

毕加索坐在椅子上的女人

贝多芬的拐杖

石柱上的巴柯模　棺材里生动的光

罗曼·罗兰的围墙和奋斗陀思妥耶夫斯基的罪与罚

自杀者午夜时镜前的光

敲门声　一场又一场暴风雨　争斗的光和影倾泻的光和影

雷声雨点及摔打光和影之飓风

敲门声

旋转的星星和天空

画布上的暴风雨

第三章　梦幻和感觉

春江花月夜

清秀飘忽的光　镜子前的漂亮小姑娘　远远离开钟声的时间　午夜的渡船

柯罗的画

凡·高吃土豆的人　邮递员　大片和谐的阴影

走进生活像开门回家一样

于勤拾麦穗者之阴影

远离战场硝烟的古树下　梦想理解新的投入和感觉

舒曼的梦幻曲　无法挣脱捆住自己的生活呵

光的无伴奏合唱

梦幻的流苏秀发和纤手抚慰着滋润着孩子的明眸情人的嘴唇　梦幻的利刃……

达利挂在树上的时间和大海

忘掉自己的意境　为或无为

卸下自己走向都市和自然　面对你的只是色彩形体光影和感觉莫奈的日出　雷诺阿的少妇　凡·高的草垛

与形体握手言和的光和影　把自己献出又把自己消灭的光与影

流动的形体　静止的光影

教堂的音乐和壁画

古老的传说

舒伯特的小夜曲

从秋之树上掉下来的光和渐渐单薄了的夜

心灵冲突的歇息呵

而　永远在那微笑难解的蒙娜丽莎

第四章　悲惨的现实

这就是那双鞋么

光和影在诉说又趟过无数泥泞的鞋么

光和影在诉说诉说又厌倦了诉说

这就是几十年闪动的光和影之雕塑么

尘土和烟雾衰老地笼罩在昔日的战场上　七零八落的故事被岁月酿造着酿造着

凡·高的鞋呵

又一幅自画像　生活中光和影怎样的博物馆

亢奋带尖的光被灿烂呼唤起又被碾碎的光　阴影在走回过去

鞋帮耷拉着鞋带是被扔在战场上抽打不幸后的鞭子

一次又一次的泥泞　一次又一次的执着

凡·高的鞋

还有那幅削去耳朵的自画像

这可怜的孩子在巨大的悲痛后虔诚地在艺术的胴体上啜到片刻的慰藉了吗

心在残酷的现实中听到了瞬间却永恒的宁静

礁石撕裂巨浪之光

贝多芬　另一位让光影流动成形的伟人

春天黎明的光影夏之衣裙折动的光景冬之森林枯槁的光影

你用血泪生命砥砺出最苦亦最美的光影之颂歌

地球的东方叶赛宁开枪倒下了

开枪的火光

政治　向往　疯狂　无奈　城市　乡村　生命

黑大衣下的光　档案中抱怨的阴影

帕斯捷尔纳克　日瓦戈医生莫斯科街道上拖着大片阴影的鞋

根　非洲　亮点和阴影

生命　不可战胜又能被战胜的生命

托尔斯泰的晚年折射着年青时的光　命运的索取　复活

保尔·克罗岱尔不停呼唤着的姐姐

缓缓地从光和影之群体中走过来的是船夫之歌

有咸味的挫动石头的光和影

我可以被消灭却不能被击败

暴风雨后天穹的光

第五章　永恒的宁静

一次比一次强烈的渴望

一次比一次深刻的体验

渴望出的目光是体验出的皱纹是拥抱出的光和影是坚强雕塑出的凹凸是拼杀出的宁静……

有充实的阳光和夜之光影

疯人院的凡·高

在痛苦的深渊中忘了痛苦的梵高

只有阳光只有阴影只有热爱只有大自然

向日葵

情感与力与自然与苦难与渴望之光和影默默劳作的凝结

灵魂和肉体　灵魂和艺术

罗丹的巴尔扎克塑像

贝多芬的第九交响曲　欢乐颂

从夏日茂盛的森林泼洒开的光和影　丰收的广场上人群攒动的光和影

终于走回了生活

公园草地上的孩子　新鲜的牛奶　太阳下的老人　十月的枫叶　从乌云后踱出的月光

浮士德

心灵最后的平衡

终于走回来了　该是怎样的旅程该是怎样的归宿　或东或西永远有天空下大海或轩动或宁静的光和影

这是多好的酬劳啊　终得以放眼远眺神明的宁静

永远躺在海边的瓦雷里

……

初冬的雨

初冬的雨
银白、飘零
被灰色大楼拥出来的我
分了忙碌的人群
不由自主地随了她
独自栖落
在喧闹起伏的枝头
轻易被她占了去
初冬天庭上冰冷的露珠
幽暗待明

我脚步泥涩
让紫黑色的云也撑起我的思绪
行空傍天
别了清秀的女孩
恍若初春垂露的玫瑰

我本可和你哄闹这段时光

把夏天呼唤的即来即去

去吧

去人群中模糊

随了这硬冷的雨　这潮湿的路

摒弃被夕阳撑破的西天

拐进雨巷的纵深

黑色的诱惑和轮廓

无人无景

一任晴慢慢在身后扩展

不该被诅咒的乡恋

你是怎样出现在下班时大院杂乱的门口

清秀　灵气　羞涩

撩起了我目光里灰色的帘子直至我的前额又感受到那山上湿润的风直至我双脚又被奔跑的藤萝绊住

你是怎样扬头绽开微笑的花蕾是怎样倒身倾出你灵活的枝条又是怎样举起纤细的胳膊击起阳光的浪花

把我的空间归顺成一条铺满落叶的小路

我要诅咒你

你是怎样模糊了攒动的人头和青灰色的大楼与铁门的轮廓和光影

温柔　深情　执着

堵住了我传送带似转动的节奏　直弄得我发硬的嗓子也软软地向你问好　直弄得我打皱折的身体再次难受地洒脱

你是怎样低下一头月光是怎样哼出一曲折柳　又是怎样用轻快的步履款送出一个雨后山坡和树林

把我那段生锈的时间再次抚摸得铮亮

我要诅咒你

我用计算机快速更新我的语言　我用电话机不停地扩展我的空间　街道汽车高楼嫁接上我伸展的四肢　时装表演酒吧啤酒摇滚乐的疯狂日夜营造着我新的森林与河流

而

我要再次迷恋在你缱绻的山雾里吗

我要再次捧起你潮润泥味的嘴唇吗

我要再次追踪你四月油菜花田里灵活的闪现吗

我要再次拦腰抱住你一泻而下的山瀑吗

我要再次游戏你狂风暴雨骤起的森林吗

……

我实在不知道

你是怎样出现在我艰难跨上的新台阶上

湿湿的嘴唇　倔强的目光

弄得我奔放开的夏日也春雨绵绵弄得我回头时总有一串模糊梗塞的光影

世界　文明　发展

我要诅咒你

这份夏日中飘飘袅袅雪花似的乡情　这份我不能击败也不能征服更不能忘却的乡情

而我是不该诅咒你的

少 女

四月的麦穗
青黄、坚挺在阳光的情惑里
也在时间宽阔的手掌中
窗户
在潮湿的风中
从无数继续的身影中启开
太阳和雷雨
拍击着鲜亮柔嫩的前额
绵绵细雨
戳亮了孤独的台阶

黎明敏感的手
在颤微微的触摸中宣泄了
清晨的色彩和形体
语言和目光
杂乱也成序地走过

苍白的正午
在单调的蝉鸣中
调理着自己的位置
火烈鸟在天空继续未尽的冲刺

喷香的秋
在冷冷热热的夏后流淌过来
粗大结实橙黄的玉米棒
成串地挂在头顶
红亮的橘子在风中
无拘束地歌唱
收割后空旷的田地
坦然地准备着冬日的到来
草垛旁的萤火虫
去读着一本畅销小说
静静的水田
倒映着岩边开始光秃的槐树

傍晚的天边
瑰丽的晚霞烘托出
淡蓝色丰满流动的山峦
而沉重的山脚
愈来愈模糊

偶尔透过小树林

夕阳把影子拉得悠长悠长

冬天雪地上的脚印

是紊乱的

漫天的雪花很快又将其淹没

早早黑了的窗户旁

有裹着暖暖头巾的端庄

在一直流淌着的河的两边

有色彩变幻的山头

在一直变幻着色彩的土地上

四季在不停地流淌

而醒目的穗头

给了我最深的印象

致孤独

我

着实被他震慑住了

在白昼日益膨胀起来的声响和色彩里

他在我的正视下

完全赤身裸体

拥挤　喧嚣的人群和商品

挤压又退让着他清瘦有力的骨骼

他的目光死去　活过来　又死去了

在触摸刀刃和倾听手术刀的咔嚓声里

我不由自主的跟着他

这专制的欲望

产生了我麻醉后苍白的微笑

他的背影在跳跃中恍惚了

淡绿色的童年从四月的田野飘过来

并非艾略特四月的荒芜

哼着山歌的宁静在粉色的自然中燥热起来

他的魂随着涂着口红的阳光

笨拙地在泥泞的路上舞蹈着

舞蹈着　他在 20 世纪预测的商品和电脑中

像阴阳人在永恒与瞬时之间

色彩在一块接一块的颜料中厚实

肌肉在一次又一次冲击末班车的速度时落下去

而骨架在用劲的狰狞中起来了

他加速地在山头和山谷中跌撞

在电子对撞的变幻中释放着毁灭自己的能量

把自己酷爱的夏天瞬间撑起

成一座火山

我惊惧地注视着这力量

这惨痛近乎残忍的寻找生活拥抱生活创造生活的力量

和产生　摇荡　束缚这力量的器皿

他时时在远离生活舞台的角落里

用泪水莹莹的目光向幸福向欢笑祝福

还有他在午夜里举起的清瘦的胳膊

和已经无声了的却会震破夜的血管的呼唤

呼唤

我期待

期待秋天的黄昏后

他血　泪　狂笑和独行的脚步枯干与疲累后

他柔和的目光　旷达的背影

托出十月的牧笛　清淡的河水

弯弯曲曲牵出他诗一般的思绪

静远似“深林人不知　明月来相照”

呕吐　反复地呕吐

晃动着华灯下皮鞭似漂亮的街道

我听见他撞击夜晚的破碎声

和看见他祈祷末日的虔诚

他赤裸的身子在和我死一般的缠绵后

我挥洒着纸钱

等待着黑色棺木缓缓向他游去

慢慢地

目光的皱纹勒死了四周的影像

一片空白

忘记自己的人群　忘记自己的自然

小鸟衔着绿色在弹跳

我躺在草坪上

劫难后样喘息

我

着实被他震慑住了

那苍白又清瘦的赤身裸体

致夕阳

他在最后离去时用惨红的吼叫声泼洒给天空辉煌又斑斓的色彩

他温柔地抚摸着草坪上窗户旁人们眺望西天或疲惫或专注的目光而自己血管暴突的手慢慢地凉爽又平缓了　愈来愈短直至云层后最后的中指给了天空一个抽象的信号

他坚定地把龟红色的背影留给了繁华的人群　在热爱与祝福中步入自己那份被四月的荆棘围起来的孤独中

在他坚攥的双手和沉重的脚步挪动中依然想看见银色的湖畔丽达洁白又轻袅的身体曼舞

他的目光从人群绿色的欢笑中跌宕出了最沉静有力的似米开朗琪罗创作前仰望教堂之顶的目光

他追随着自己昔日的追随者夸父　在他美丽动人的尸体上消失了

夜　开始一浪接一浪地雕塑他短暂又永恒的毁灭

醉

我的感觉是一张发皱的纸
狂欢的枝头我被悬吊起来
偶然间的乱风泯灭了我求生的念头
留下的是那温馨又珍贵的死亡瞬间

我不懂对面墙的含义
褐色的砖灰里映出我枯槁的容颜
我把信念缚在手腕上
让长发在旋转的回忆里浮泛

没有什么把未来撑起
也没有什么涂抹疲倦又兴奋的目光
我的感觉是一张发皱的纸
我在信念的死胡同里吼叫

致梦幻

赤着脚　你轻轻地走在绿色草坪上
身影在乳白色的桌旁闪动
穿着花格西装的大肚男人　头发随着酒杯晃动的紫色女人
话语　酒沫　改革　股票　下乡
一堆站起来的口号　一片飘落下去的数字
你纤细的胳膊搭在阳光的枝条上
汽车长长的汽车把时间推挤成尖尖的嗓子

有几个音符从天空湛蓝的衣裙上掉下来
忙碌着 服装摊上的倒爷们把领带系在脖子上
你站在画架前
用目光去涂抹地上的最后几笔阴影

清清的水如练的月光
山的倒影在宁静的小诞上携着你缓缓踱步
蓝色的烟云

把电话铃声缚得模糊

和沙发一样浑华的声音在搅动时光

外面雨声嘀嗒

你把童年的脸紧贴在模糊的窗玻璃上

晋升　出国　连过去和未来都一起晃动的自我陶醉者

你披着白色的袈裟在没有月光的竹林里

OK 酒吧门口活着的广告切割着空间似切割着蛋糕

你在一根接一根弹断了的弦上

午夜寂寥的街上你提着撕破的长裙在奔跑奔跑

食堂的拥挤喊叫

医院里的化验单

计算机前站得齐整的时间和电话里悠久的历史

遥远遥远的森林　如蝉翼的你转身又转身荡起月光的涟漪

热闹的野餐和舞会

赤着脚　你轻轻地走在绿色的草坪上

砖

就是这种泥土

女娲补天的泥土　女娲创造生灵的泥土

我们从大地上挖掘我们用双手和水搅拌我们肌肉扭动着去拍打我们让松散的土凝聚在做好的匣子里

砖坯

在火窑里经受火的砥砺一日复一日在光与火与时间中成形

青砖

一排排砖

或筑成壮观恢宏的墙或砌成漂亮舒适的家……

也有战争倾圮的残墙断垓

也有时间抛弃又宠爱的砖头瓦片

岁月在墙上的砖缝里在砖块的成堆处培育出了新的生命

欢乐　幸福　情爱

被穿上衣服的砖

浩净光滑的砖

而被火和向往磨炼出的砖头被扔在野外的砖头被封在水泥里的砖头

依旧坚硬着又是怎样砥砺着阳光风雨和四季

语言　动作　色彩　哭声　餐布　汽油　西装等一切的挑战后是生命的凝固

砖

情感　理想　生命

在砖的排列中升华出秩序和辉煌

直至死亡　我最后留给世界的一块

砖……

致狂喜

周遭是那样的静，静得像午夜的山谷
只偶尔弹出一两声鸟叫，火星般倏地消失
周遭是那样的白，白得像清晨的大雾
逼人而来吞噬着一切运动　静止　目光甚至呼吸
静　静　静　四周是贴得紧紧的紧紧的尸体
静　静　静　静得在一片辉煌的音容中什么也不知
白　白　白　白得身体被肢解了　撕碎了
白　白　白　白得色彩和形体浑然融入末日的沉寂

慢慢地有什么东西闯进来，划破了，消失又出现了
像是婴儿的啼哭，像是开门的声音
慢慢地有什么东西流过来，爬来了，跌倒又起来了
像是一朵小红花，像是挣扎的晨曦，像是绿色的衣裙
终于来了终于流过来了终于站起来了抚摸着发热的身体
一种柔和的喜悦，让人想到微风里出汗的皮肤
浸在温热水里的肉体及长发里抚弄的双手

一种淡蓝色的满足，恰似对婴儿小脚的触摸

黎明来了，他就要在天边决堤，太阳升起来了
山谷涌起了吵闹，云雀杜鹃黄鹂喜鹊乌鸦农夫
一浪盖一浪，调皮的　发情的　咒骂的　报丧的
还有野狗粗粗的呼吸声，响尾蛇和草皮的摩擦声
太阳起来了，他抓醒了松树的绿　玫瑰的红
还有懒猪的肚皮　土灰色的草帽　从泥土里拔出的铁锹
黄色草屋上飘出的黑色烟雾以及礁石上的浪花
和整个大海成摇滚乐下观众们的金蛇乱舞

都在撞击着呻吟着上下起伏着喘息着
谷草的光玫瑰的光瀑布闪动的光金兔奔跑跳跃的光
与光反抗厮杀又亲密的形体或清瘦或浑圆
被光展开的天穹被绿色烘托出的山峦被荫影亮出的语言
四周的光影四周的细语合唱四周掘起的形体
深深犁进光之怀中的形体和无孔不入的光之疯狂
想逃出去　在这光和形的挤压中在束缚双脚的森林里
在无所顾忌的太阳中在百鸟鸣叫的颤栗中

想逃出去，没有永恒的温馨哪怕片刻死亡
死亡的湿风宁静的草坪让剧烈震荡后的身体歇息
让冲散开的思想和感觉再次哪怕像破烂聚集起来

要平和的问候和手足的适当而狂乱后的战场
喘息着的是胜利者的头盔是战败者发硬的鼻孔
静　静　静　有秃鹫去平添几笔战争的抖动
有村庄了吗有炊烟了吗有赤脚的放牛娃吗
冒着热气的白菜汤　唠唠叨叨的老太太

这是在哪？梦的红色皮肤可有针刺的疼痛
午夜的山谷灿烂的早晨光和形体从那遁去
生命在尸体压迫的沉静中步于辉煌的战场
啜饮到了什么了呢或者被雕塑被冶炼成了什么呢
狂喜　情感起伏中的波浪和昼夜蜕变的晨曦
生命在你的山头狂泄又苍白而刻上了自己的年轮
狂喜　你刺眼的舞动让梦在生活的贮藏室里也猎猎作响
狂喜　悲之幕布或兄妹　你们铺上了通往永恒之台阶

与罗丹对话

1993 年 2 月　北京东四闹市区中央美术博物馆

千里迢迢之后
你站在了这里——
地球东方古文明大国的中心
繁荣的北京城
街道如恢宏的嗓门
沸沸扬扬的人群和车辆
亢奋着的尖顶和脚手架
色彩和形体磅礴的合唱
这就是你活着的思想
被雕塑出的又流淌开了的思想

《思想者》在骤冷的阴天里
接受参观者们的注目
健壮的石块
似礁石绊住四面八方的流

你是多余的

亦如你的期望又不是你的期望

安静的大厅里

未布置好的灯光

呓语出你雕塑出的阴影

从学校涌出来的

许多张年轻的面孔

打开所有的神经和细胞

想与你这大人物有些通和悟

健康自由精致的作品

没有过分的夸张没有歇斯底里的疯狂也没有惨不忍睹的压抑

你崇尚美

崇尚在生活每个角落里的美

各种张力永远在完美地表现和渲染

表状的底蕴的

冲突与和谐　对比和阴影

年轻大学生们半张的嘴唇扭动的腰部倾斜的头颅

在慢慢浮泛起来的雕塑林里隐隐约约

静立在“活人的翻板”《青铜时代》旁

古老又年轻的北京在我面前赤身裸体

光洁的《吻》延续了少女们的初恋

我听见了你热情急喘的呼吸

大手因紧攥着阳光而通亮

传统的古国成了你深色的背景

童养媳漂亮的后代们

在牛仔装里否定又肯定了自己和生命

《田园牧歌》通过你童稚的前额和目光

递给我一份遥远的清新与闲适

草坪古树　还有阵雨后阳光下透亮的石板路……

也给了我一份断裂

而你朗朗的笑就在大厅回荡

俯视着批判着现实的伟人《巴尔扎克》

和从儿子草地踱步回来的《雨果》

你沉重的喉音似土山东倾塌下来

我

和我的目光我的魂灵我的肉体

被这雕塑林撞击着

……

你坚硬的钢钎依旧在敲打

这撞击出的火花

这撞击出的孤独和力量

黑色发亮的石块哦

我是不想被你劫了去

被你塑成僵硬的形体被你刻成一只攥着阴影的手
我是要冲出去的
冲出古老的巴黎冲出古老的中国
也冲出你的诱惑和封锁
我是要征服又摧毁你营造起来的这片北京闹市区中的孤岛
重流进四周激烈纷纭的现实
把思想和眼泪都写成行动

安静的大厅
雕塑们在缓缓挪动
突然一声声刺耳的尖叫
克罗岱尔，我看见了你疯狂扭曲又执着的目光
永远在疯人院铁窗后挣扎的目光
还有你在时间紫色躯体上的雕塑
旁边是保罗那凄楚悠缓的诗句“呵，我的姐姐……”

罢了，这鼓起的血管
安静的大厅，温和的灯光
《波德莱尔》孩子似惊惧的头塑旁
你仍在雕塑着——
一朵鲜翠欲滴的花
稚嫩的脸衬着《恶之花》的颂扬者
处女的手如春天的黎明感人

我想和她说话

我想握住那只手

我想借你的手雕塑

而我却无法动弹

孤寂的我在这空空的大厅内

看着你把我雕塑

离开这

我要离开这

寻着那清清亮亮精精神神的女子

去到纷纭热烈的外面

因我是被你雕塑了

自然在雕塑着四季

文明在雕塑着都市

而我将把你一个死者忘掉

让无数串行动把我雕塑又毁灭

这也就是你

地铁的出口

色块

和堆积的声音

从地下吐出来

向四周蔓延

随 笔

修长的白杨赤裸、稀疏
薄雾中守护着垄垄青翠的麦苗
枯去的河床上生着几棵不耐烦的白菜
从墙根流出来的黑水融化了白色冰凌

矮棚前卖油条的姑娘练起了油渍的嗓门
两条野狗在垃圾堆上追逐弄欢
裹头巾的汉子推着独轮车
吱哑的轮声应和着车上母猪的哼哼

我慢慢离开开始热闹的县城
回头目送母亲和她肩上可爱的小孩
冬日在头顶遮遮掩掩　不知向何方
手放进兜里，我任脚步闲适在郊外的路上

远处的山峦在冬日下隐隐约约

模糊的话语和蒙眬的舞姿把我诱惑

坡上的枯草掩不住冬天的悠久和寂寥

故事们顺着脚步磨白的小道流传

渐渐的，汗水湿透了我的内衣

苍劲的山风开始明朗了我暧昧的思绪

突然山顶寺庙里涌涌的钟声传来

淡淡的阳光抹在山岩冷峻的脸上

现代传说

他倦于高楼里残酷的竞争和伪善的玩弄
也倦于都市里纸醉金迷的各种享乐
似一盆泼出去的水不知流向
更没有对来世的笃信，畏惧和自豪

有天他浪游去了原始古拙的森林
不是去欣赏自然，陶冶情趣，拜佛求仙
也不是冒险去与自然较量展现人类生命的宏大
只是想给自己的感觉抹一笔新的颜料

他于林间溪边游玩、猎奇
却意外地被奇花异草陡岩巨瀑所迷惑
于是深入大山的纵深
一种愈来愈浓的诡秘的氛围攫住了他

突然间，他在陡岩上棘荆丛里狂奔、狂喊

害怕、恐惧、毁灭又伴随着无尽的魅力快慰着他
他想理清自己和群山和现在……
而遍体伤痕使他在痛苦的亢奋中昏厥

他仿佛看见了一座光秃秃的只有怪石的山
又仿佛在绿肥红盛的奇香丛林中奔跑
他仿佛看见所有死鬼和活人一起在烟火中走动
又仿佛看见自己的亲人都去了沉重的远古

他终于被古铜色的山里人救起
精心在茅屋里养了三个多月，直至秋天来到
在一个月明风清的晚上只身逃了出去
却从此后再不知自己是谁，住哪去哪

还有山之中那间神秘的茅屋

混乱的篇章

——码字随想录

凭窗眺望

黑色的风吞卷黑色的岸一泻远古

茫茫远古

任我被淹了去

桌上蓝色的笔迹一片凋萎

山中的古庙在倾圮

洪水撞响了钟声、六和塔被淹没

呛水的扑腾中我昏然

时间在飓风中弯折

数多少风流人物，各领风骚

历朝嬗变旧剧重演

被冲散的我无力豪迈山头

展衣袂静卧松林

听空谷鸟啼月落

让清凉的风挂在黎明的枝头

茅屋的炊烟孤直上升放牛娃的笛声撩起竹林雾霰

笔尖下，绮丽的风，闲适的静，高古的月，纤浓的花……

蓬勃茂盛的春　脱缰奔腾的水

灰色的风散乱了我洁白的稿纸

笔头在飞起的泥沙中阻塞

我的花园被践虐、残香袅袅遁去

我拉开窗帘，挺胸润嗓

太阳起来了

太阳起来了

在湛蓝宁静无际的大海上

健壮的阿波罗迈开了巨腿

磅礴的光一泻千里

我笔下的树林可也熠熠生光、声香合唱

20 世纪末如火烈鸟升腾

整个大地沸腾起来

手和手，眼和眼，心和心澎湃着

狄奥尼索斯在应和在涌动在狂歌劲舞

整个大地愈来愈炽烈

火

火燃起来

古庙燃起来了红墙燃起来了奏章燃起来了

黑岩燃起来了眼泪燃起来了手术刀燃起来了我笔下的树林燃

起来了……

滚烫的笔烙着我红白的肉

一切被吞噬过去

大胡子、红语录、四大发明、南征北战……

五千年彳亍前行的土地

阿波罗的光芒要耀照大地

理想　民主　科学

熊熊的火

我的头发我的身我的笔和我的回忆被卷了去

火

我想要一块潮湿的地皮

受伤的我爬在20世纪的边缘

水，哪有水

前面是荒原

泛滥的夏天造就出一片又一片沙漠

我的笔在这里爬涉

当今的“尤利西斯”们在高楼下叹息

愈来愈成熟的城市森林中

长毛的愈加年轻，光头横行

阿波罗的目光忧郁，脚步停滞

伊壁鸠鲁精神变得衰老

原始的森林又轮回

呵，在 20 世纪的边缘　人要把地球翻到哪去？

我干涩的笔头理不清这纷乱似枯草的思绪

我的国土上动荡着、疯狂着……

大水过后的地方

勾践不再“他年击楫过越水限　看克期仗剑入吴宫里”的信

念他在完全自由的思想和荒芜中寻找

从天上飘回的老庄在捧出自己的思想中呻吟

孤独的老者在回望

那愈见陌生的忠、孝、礼、德

小伙子感叹天真调皮的童年愈来愈短

我从火中逃出来

却异样地孤独、贫穷

还能坐在桌前写什么呢?

大地上又开始越来越多的香火

有越来越多的佛龛

又有了越来越多的新的祈愿

我该去哪呼唤

去哪写怎样的文章

给怎样的人看

窗外汹涌的浪铺天盖地

火在四周猎猎作响

历史在以怎样的步履

悲壮地跨过20世纪末的古国
又怎样跨过人类愈加丰富的文明
神秘的阿波罗呵
感谢你普照大地的光明
你将把我导向何处
科学家向世界宣布
这是一个不可知的混沌的世界……

空白——
断裂——
徘徊——
洪水在澎湃
大火在继续
我只写出这混乱的篇章
清渺的远古呵火热的现实
我只得掷笔而去
去——
让风卷走我笔下破碎的落叶
这是一个可以诅咒
却不能怠慢的时代

雾

乳白色的雾霰在四周充溢
日头树梢和大地被舔得精光
脚步被揉得粉碎　目光似光滑球面
偶尔湿漉漉的尖叫　大石下的细芽晃荡
随了调整后的心绪一派慵懒
飞速的轮子被缠绵进浪漫的梦乡

回忆在湛蓝的天庭下似玫瑰怒放
远山含笑　大江东去 日头粗犷地在地上颠荡
如洗的竹林里风声萧萧　柔溪潺潺
鲜明的四季淳淳地酿在村姑的脸庞
山间的雾絮时起时落
沉淀出河边一阵阵槌衣的欢浪

依旧在浓雾中摸索着每一步的奇妙与新奇
无力的诅咒平和了远望的豪放

精致的适应重新诠释了我们的器官
科学把一切都放进了三五寸的软盘
一代盛一代的信息谦恭地漫延在你的身边
伺候温顺感召抚摸拥抱于你

直至你被粉碎亦如雾散　缭绕
街道房屋价格、报刊坦然在四周
念天地之悠悠　你紧紧依附着纷纭的现在
远古和未来被浓缩于你发黄的画框
暧昧的季节步履柔和　汹涌起来的雾呵
日头树梢大地
人被舔得精光

冬日即景

一

洗劫后的苍昊
一尘不染
透明的风叶
涌动着月之浩瀚
退去疲惫的脚步和紊乱的汗水
孑立山顶
岁月淡栖夜之终极
陶瓷上的夏天和玻璃后的回忆
欢闹感激的秋之后
田野
独酿泥土的芳香
冷峻清朗的天空下
玫瑰最后静静地鲜艳
深凉深凉的小巷里

跫音袅袅

二

大道旁
白桦树
把一排矍铄的文字
写给了冬天
黑色的土
沉静地孕育

色彩和芳香
以及累累的笑语
还会从这诞生
远处的麦苗
青绿坚韧
蕴藉的信念
已写在了风霜雨雪之中
及熹薄的阳光下

三

阳光

落在了

冬天瘦削的肩上

正午的院子里

老人和阳光

绊住了冬天的步履

修理后的犁

被那双粗糙的大手

摆弄得铮亮、亢奋

欲挣脱季节的桎梏

把阳光的声音

深深犁进松软的土里

院墙外穿红袄的小女孩

正把冬天、白雪和童话

一起放进精致的玻璃房

阳 光

如洗的阳光透过冬日深褐色的栅栏
银灰色的大地上　乐音淙淙
荡进了我过去的竹林
也欢涌于未来的田野

凌乱的生活让我日益畏缩、计较
通货膨胀注定了时光的艰难与疲倦
街道旁的吼叫和期望换回了午夜的叹息
拥挤的潮流中浮泛着自己紫色的碎体

在这粗俗宁静的乡间大道上
冬日托给我一份清新的时光
劣质皮夹克里的我同阳光齐溢满静谧的田野
独撒野这份自然也独啜饮冬日的厚赐

如洗的阳光透过冬日的栅栏

银灰色的大地上乐音淙淙

沉重的生活隐退进城市黑色的镜框

过去、未来和我于山峦的乐音中慵倦、怡然

希 望

这是我的屋子

走出去又走回来的屋子

四脚蛇和蚊子厮杀在纱窗上

被子和臭袜子散乱在床上

桌上有梳子、火柴、勺、牙刷

落满灰烬的日历和几本翻开的书

墙角报纸堆里吊兰在急促地呼吸

而墙上是一幅干净的风景画

很深很深的景

语言和形象触摸不到的地方

无题

那么多的人及言行
历史的今天的　遥远的身旁的
栖息在感觉和思想的枝头
而你有意或无意
又飞落上别人的枝头
个别的树刻上了岁月的行踪
而森林依旧
慢慢扩延

秋 日

一

撩开清晨的窗帘
是白昼水黄色的大厅
门口一把陈旧的空竹椅
绊着顺墙缓缓挪动的阳光
石榴在树上爆裂
苹果静静的

竹椅上的人
拄着拐杖
长久地伫立在空旷的田埂旁
身旁的古槐树
慢慢地卸装
当他走回香、汗杂合的院子时
身后墨绿色的窗帘慢慢被拉上

二

夏天流动的颜色
稳稳地落在秋的画板上
夏天飘浮的香
沉淀在秋的杯子里
不断的雨水
开始将色、香、洁净、清澈
分明、条理
随着又将其模糊
混杂、衰褪

绵绵雨中的香不再坚挺
落叶
湿透的落叶
在倾诉着今生和来世

不断的雨水
整个世界愈来愈清爽
轮廓坚冷深沉又简单

上 学

一

又是一个金色的十月。

院墙外，喷香的风翻动着黄灿灿的银杏叶。

她喜欢听这哗哗声响，恰似院墙内孩子们朗朗的读书声

背上的小弟弟也正吱呀学语。

低头走在洒满银杏叶的小道上，穿着破布鞋的脚缓缓地读着这满地秋天的文字。

忽然，她解下背上的小弟弟，说："来，我给你上课。"她一手背在背后，一手如托书状举在胸前。"请翻到第五十二页。今天给大家上的新课是秋天，秋天是一个收获的季节，秋天大雁都飞向南方，秋天，你姐姐再不能去学校……"

她声音哽咽，一片黄杏叶掉在她头上，小弟的两手都抓满了杏叶。

今年夏天，父亲狠狠地对她说："家里困难，又添了小弟，你不能再上学了留家带孩子。"她哀求地望着母亲。

"孩子，听你父亲的吧，女孩子家读书也没啥用。"母亲同情又无可奈何地说。

打那后，她常常背着小弟，不知不觉地走到那熟悉的院墙外，一天复一天。

下课铃响了，她一把抱起小弟弟，"弟，咱们快走。"她不想同学们看见她和她脸上的泪水。

金色的秋天，银杏叶在树上哗哗作响。

二

湘西，失马小学。

厚厚的、松裂的土墙把光线拒之，阴天的南方，屋里更是昏暗。发皱的课本都贴在孩子们的脸上。

厚厚的、松裂的土墙上一个大洞的窗户，寒风中不得不使用石块把它塞上，冰冷的风刃仍从缝隙伸出来。厚厚的、松裂的土墙内，孩子似不规则的土豆被串在长木板上，通红的小手在长长的水泥台上，有的脚下面还放着有零星火点的破瓦盆。

而朗朗的南方普通话从土豆群里从破裂的土墙内拱撞出来，波及很远很远，在这绵延无尽的大山。

读书声中，有笑声，是谁又被挤下去了，读书声中有擤鼻声，那是谁又抹一把鼻子到衣袖上。

偏远的大山里装着破陋的学校，松裂的土墙内装着亮眼睛的孩子们，孩子和破旧的书包里有皱巴巴的作业本，作业本上有带着鼻涕的通红的小手写上去的：

“我爱祖国”。

三

孩子呵孩子！

你要上哪去？天色青灰，雾气氤氲，在密密的青冈树林里，你急急地奔跑，在潺潺的小河旁，你急急地奔跑，在窄窄的田埂上，你急急地奔跑，在大山长满狗尾巴草的小道上，你急急地奔跑……

孩子呵孩子！

你要上哪去？

你的脚指头已顶破了你的小船，你破旧的小包在不停地晃荡，你青蓝色的裤角已被露水湿透，你小鼻尖上的汗珠珠在颤……

孩子呵孩子！

你要上哪去？你把小石子踢进了河里，你把狗尾巴草踩在脚下，你把山坡留在身后，你把布包拥在胸前……你说：

“难道你没听见远处的钟声？”

偶遇

我随了她
古老的黄昏无力地抵触着
都市渐渐闪烁起来的杂乱的光
我随了她
当我们擦肩而过时
一个形象震裂了我的七窍
从天边洒下来的从墙边弯过来的副食店里出来的
细语、呼唤、吼叫、调侃
我拐了自己的方向
随她去了十字路口的另一面

第一声啼笑的刹那
白纸
夏天盎然茂盛的树
飞沙走石的狂风乱了都市风光
一个长大了的男孩

山顶上托着四月的太阳和整个童年

不由自主地跟了她
这个歌唱的都市、彩色的森林
白发老人的祝福，四月的祝福
长长的花轿队伍，红红绿绿　唢呐、鞭炮……
沉醉着烘出一声长长的“拜天地”
一撞进都市的乡村小男孩
惊惧、断裂、兴奋、梦
红绿灯、呵叱声、粉香的嗲声

梧桐树叶慢慢飘曳
冷风在人群中窜来窜去
宣泄后的田野纯净无为
宣泄后的夏秋背影正悄然远去
冬天喷出了纯泥土的芳香
一步又一步坚实

我依旧只是远远地跟着她
拥挤的人群
傍晚的街道更窄两面的房屋和商店膨胀起来
音乐和灯光忘情地交合
我奋力拨开人群跟着她

自己全然不知如逃命一样

又似在悬崖的边缘奔跑

全身高热　沉甸甸的夏季通体喷亮

贴近贴近再贴近

树叶在呵气声中颤动

抚摸月光的轻柔

起伏的山峦在四季的厚爱中

“报上说允许北京开股票市场。”暖气旁的瘦子说

“保守派何某被免职了。”桌上电话铃骤响

洪水涌溢了沉寂了一个冬季的山川沟壑

瀑布狂泄成纯白色的形容和紫红色的呻吟

山谷回荡

月光在玉米地里恍恍惚惚

从茅草屋里吼出的山歌震碎了西厢房的窗纸

洒脱的长发

一束黑风穿过红星点点的桑树林

“李某又要离婚了。”

“没看见老姑娘张开始。”另一位胖女人接着说

瀑布在深潭中回味

果实在枝上悠悠咀嚼着夏天的宣泄

开裂的石榴赤红赤红

冬天空旷的田野宁静的山冈

盆景和有渍的内衣一起晾在阳台上

我只是远远地随了她
一种莫名的恐惧袭遍全身
夜晚古老神秘的森林
我不由自主地在这里游荡
谁主宰我?
麝香、琥珀、狐腥味——
夜莺、水潺潺——
孤单的我在这黑得透亮的林子里
披着银灰色长发的她在树丛中若隐若现
她
怎么散满了我的四周
紧紧拥抱的双手里
一个骨架，深蓝色的骨架
灰色裹着的头颅
却如此光洁娇嫩的皮肤
白红的嘴唇
我狂呼着要赶跑这幻觉
周身冷汗淋漓
“看看，还不多，中国也有上万例艾滋病。”一个中年男人说
尸体紧紧压着我
城市倾圮，文字和数据燃烧起来

我在反刍中呕吐
快让我醒来

“找死，你。”一个司机吼道
她已穿过街道
我冰凉的额和手
一个乞丐
穿着棉袄却露着肩膀
手提肩背十几个无火的火炉
肩扛一杆秤
蹀躞在街头
无忧无恨无为无理性的人
（西方经济学的公理之一，人都是有理性的）
森林
古老的森林
她在远处的人群中慢慢消失
这幅被偷走的童年画面
我久久地久久地踯躅在街头
枉然　愤怒　我是谁?
收割后的田地在沉思

岔路口
我是该去另一个方向的——

办公室　有蟑螂的办公室　要改革的办公室

被分裂撕碎的我

宣泄、夏天、本能、纯净、战场、我

冬天在身旁均匀地喘气

无怒无悔

树林冷而深

午夜的街道

行人清瘦

树叶慢慢覆盖了一双孤单的脚印

冬天里的一天

给——

一

当你和着三月的力量从瑰丽的东方走来，当你从热烘烘的土里顺着树干向枝头向蔚蓝的天空扩展蔓延时

这就是我及时纠正我双脚麻木的位置，从天鹅似的高贵又孤寂的冬天站到明丽的春天这边的原因么？这就是阳光把我从阴影里呼唤出来的那一霎间我慌乱又迷惑的原因么？

你清纯的目光和着柔和的前额还有你翩翩的身影在翠绿的田间缓缓向五月靠近，让蜜蜂一路嗡着你的芳香点缀着蓝天越来越热烈的裙边

这就是我伫立在你震撼过的余音中而忘了走我的路，忘了传输给你积压在我这的越来越多的哽塞念头，也忘了让

欢笑和诗歌同阳光与风一起拭去你的忧郁徘徊和羞涩的原因么?

二

我是要在艰难的十字路口决策了

当我把许多文件和电话放进我忘川之底，顺着不知名的风的指使在时间的各种衣衫上涂抹着谁也不明白的不知是文字还是绘画？是孩子的游戏还是老人的绝笔之时

我知道是到了某个时候了

当我扎起梦幻和欢笑和最美的嗓音与故事的花束装点你的屋子和下班的闲暇时

我知道是到了某个时候了

当我让神圣又纯净的宗教音乐浇透了我的孤独时

我知道是到了某个时候了

当我静静地走在你的身旁，你的无所谓让我听到过去和

未来惨烈的断裂声及心之手术台上的撕扯声

我知道是到了某种时候了

当我突然在你转身离去时在你宁静的天庭上展露出我的思念和午夜的失眠　随之而来的是狂风暴雨倾泻后的紊乱喘息

我知道是到了某种时候了

至少我是

“你这会在哪？在干什么？”

这温柔的话语反复在我的耳际

恰似久违了的阳光又洒进雨后的竹林

一种温馨浸透了我的身心

和着隐隐约约而来的甜甜的困惑

“你这会儿在哪？在干什么？”

这简单又不断的问句

要传递给我的是什么

又是受了谁的指使

春天从我的身前身后慢慢地生长出来

洁白柳絮片片

热热地困扰着行人

在阔大都市一个拥挤的角落

我俩被撞在一起

短暂又迅速

接着又是拥挤的人群把我俩撞开

更短暂更迅速

“你这会在哪？在干什么？”

我不追究这些问句是怎样诞生

为何诞生

在这种让人困惑的阳光中

我只想为你祝福

但若有一天我俩再被撞在一起

一千倍的祝福和困惑

就在你我无言的注视之中

至少我是

无法涉过的诱惑

我想趟过你的目光
一直到夏的中心
透过无数时间的尖刺
我能否瞥见秋的威严
没有谁能让湖水的湛蓝更加诱人
除非你的声音已穿过那些微妙的波澜
让我心悸的涟漪

要知道涉过一种诱惑
和越过一个季节一样艰难
我既然去到夏的中心
就要让湛蓝的水倾泻
直到整个世界被淹没
其实这只是你我的世界
但足矣

不是我的错

我无法抑止这种冲动
当你把娟秀又圆润的故乡
都摆在脸上
我的目光
紧紧贴着从遥远又遥远的地方
流淌过来的风景

潮湿的阳光
让土地丰满蠕动起来的阳光
也蠕动了我
撩开那些无关紧要的话语和礼仪
把季节的冲动放到你的掌心

即使你片刻的羞涩
正好剪出一片雨后的葱郁与端庄
接下去

是茁壮生长起来的时间

由闪烁的乡音点缀着

恰似星星洒满夏夜湛蓝的天空

我能抑制这种冲动吗

只有让风

或疯狂或温顺

在起伏碧绿的山坡与林间

而热烈的夏天

就在和谐与不和谐的舞曲中

愈来愈亮

你是怎样……

你是怎样
固守那份美丽的风景
长途跋涉的我
在短暂的欣喜后
是无尽的徘徊和焦急
无论白昼
还是黑夜

在你看不见的栅栏外
隐隐约约
我还能瞥见一串串醉人的暗影
你的起步你的转身你的摇头……
神奇地一直波及到
我战栗着应和着的心底
潮湿的山雾
哺育了你无止尽的灵性

似四月的泉在你的四周喷涌
还有山城的起伏
也给了你最恰当的韵律
飘飘袅袅
透过栅栏直向我传播

我惊讶
是什么样的围墙
让我不能逾越也不能抚摸
那片在我失眠中
愈加火热和清纯的风景
四月的阳光
紧托着你童稚娟秀的脸
似你的翠竹林
于黎明的晨曦中亭亭玉立
而晶莹的露珠在静静地闪烁
透亮的笑声
带来了陵江水亮亮的情歌
把沉默也辉映得璀璨
而我是和着黑夜
在愈加漂亮的都市外踯躅
脚下是一样固执的黑土
我是不能再向别的地方去么

看不见的栅栏后
风景酿熟了我整个的夏天
使我每每挪步
都异样的疯狂和沉重
莫非我
真要强行跨越栅栏
而不顾你修养有素的语调
也不等你轻启门扉的某个月夜
看不见的尖刺
刺破了沉甸甸的夏天
啼血的呼唤哦
就要从东方越过太平洋
去到遥远的西方
尔后再回到
我生生死死都眷念着的
这片风景

我是注定不能进去的么
只有在风景的外面
走着粗糙的步子
写些粗糙的话语
在粗糙的风沙里
用粗糙的目光注视着神秘的栅栏

和着谁也无法忘怀的

粗糙又嘶哑的呼喊

“让我进去。”

无论未来

还是现在

写在草原上和你相会之时

你的目光从天庭上倾泻下来

带着草原透亮的阳光和恬淡的阴影

让我的五腑熠熠生辉；让我的喘息急促深沉

没有沉沉的雾气也没有绵绵的细雨斜风

应和着你睫毛下闪亮天穹的是我清澈的草原和马蹄声一片

被震慑的我打开所有门窗、所有的未来和所有的现在

不再有了陈腐的蛛网小再有了蓝色的窗帘

我颤栗着颤栗着去握你的目光去吻你的歌声去抚你的笑——

如同油菜花儿样金黄色的笑

上帝呵，你怎可把梦雕塑得如此逼真

我虔诚地跪在月下祈求世界的末日

这就是上帝送给我的世界和生命么

让所有曾有过的欢乐都黯然失色；让所有的等待都变得那么值得；

让所有孤独都似宝石样珍贵

我诅咒上帝过去没给我更多的折磨以换回一个更长更长的今天

你就站在那

简单自然　清清爽爽地笑在草原上阳光下

而世界却不再简单……

奶茶在蒙古包里淡淡地飘起来；马头琴声正为你的目光伴奏

不想再喝酒，怕你醉后离去

不想再拉琴，你已是最好的乐声

不想再纵马，怕你会寂寞

我就要粉碎自己成无边无际的草原么，只要你永远在我怀里

不理解你是怎样游出了时间的流

如同不理解你我的应和是如此幸福和辉煌

以至于想拥抱整个世界

以至于想死

这就是上帝从秀丽的南方给我带来的一片秀丽的风景么

我祈求这是真的，并且永远

呵，要是再有来世，我还愿在这苍凉、寂寞的草原上候着、苦着

你那天庭似的目光向我倾下来之时

拥抱你的声音

如果说拥抱太阳可以给人辉煌
拥抱亲人可以给人温暖
拥抱未来可以给人力量
而我只想拥抱你的声音
无论白昼还是夜晚
无论是忙忙碌碌的早晨还是孤独宁静时候
我都静候着
虔诚的静候
你那湿润闪光的嗓音——
恰似黎明时朝晖映衬着草莓上成串的露珠
又似夜间泉水清冽淙淙
当你的声音越过千山万水来到身边
我心如绿风中的桦树叶翻动不已
又似草原上马群一泻千里尘烟滚滚

这就是你么

在草地上和小羊羔一块调皮的你么

这就是你么

一任雨水顺着你秀发你脸颊直落到你漫步的双脚上

而仍然在歌唱的你么

这就是你么

梨花样的笑声戛然而止后是蓝天样深沉专注的目光……

我无法相信幻觉和真实的距离

更无法判断在我的手臂里目光中及唇边耳畔

是什么样的季节是怎样的风光给我异样的感觉

霉雨后触摸阳光的感觉

以及疯狂中啜饮死亡的感觉

这真是你么

是你从千里之外

送给我沉甸甸的终生难以离开也难以消化的感觉么

如果再有一千次让我选择拥抱的对象和方式

依然是你依然是这种方式

因我无法再选择

我已被上帝选择

永远永远……

误入城市的风景

第一乐章　自然的绿色

春天撩起你的花裙也捉弄你的相思

夏季通红你的两腮也摔打你的筋骨

秋色重绘你的身影也潮润你的激情

冬日丰富你的梦幻也贮够你的寂寞

在四季的厚爱也在四季的桎梏中你挺拔起来任性又顽皮温顺也诅咒

阳光倾诉着不会倦怠衰老的激情而黑夜就缱绻在你的发梢耳际裸脚及流动的眼神上

突来的风暴卸去了古槐树的阴影却渲造出无法抑止的欲望直至手脚把天地都缠绕在一起

绵绵的细雨滋生出你无数奇妙的思绪和不耐烦的枝丫

你把雨后的夕阳挑在牧笛上

雷雨中的山洪洗劫了你的牢骚也霸道地带走了你身上小草的悠闲和鸟儿们的合唱

雨后湿漉漉的你清新可怜一任彩色的光亮和声音慢慢从寂静中复苏

而你却想挣脱自己的背景离开季节的襁褓和时间的隧道

第二乐章　孤独的紫色

这就是都市中的你吗

各种彩色光柱交织把你兴奋的脸映得雪白

坚硬的道路分裂着你绿色的躯体又圈养着它们在目光们的追逐与抚摸下

身着紫色长裙的你和着轮胎的速度和脚手架的冲动在蓝色的天穹下缓缓转身

你常把目光搭在高耸入云的尖顶上眺望背影愈发灰白的原野

舞台下是黑色斑点组成的掌声

当四季的衣衫从你身上一层层被剥去丰满的你在慢慢消瘦下去

太阳起劲地拍打着城市的铁盒而遥远的月光穿过天瓦落在灶台上

你说你要甩开长发抚摸鞭打纷涌而来的声色直至胳臂再次浑圆直至胸脯再次起伏

而夜里你的脚步声传到了很远很远的地方

第三乐章　和谐的灰色

无论如何你得延续你的苹果香石榴红以及黄昏的旋律阵雨中的鼓点

无论如何不能断裂你渴望水的嗓音

你有了向各个角度翻转的胳臂也有了伸长或缩短以及转向时间的思想和目光

你进出拥挤的地铁你怒放在节日的火焰里你从漂亮的橱窗里剪辑……

握着小孩手的你让草坪贴近了天空

时间在你奔跑的步履与轮胎的旋转中平静地老去

刺眼的火药味和划破夜空的问候点缀在你身边

而有身份的领带也华丽了你顺体育馆回荡的嗓音

壮丽的合唱从你的手脚头背及每个毛细孔上也从城市的扩展中向原野向时间传播开去

第四乐章　梦幻的蓝色

茅屋上蓝色的炊烟笔直

黎明时的竹林青翠欲滴

透明的夏季里一双赤脚在青草丛里跑露水湿了你的裙边也湿了你的目光

吼不走的山歌捆缚住山坡上的牛群

桑树林里星星点点藏不住你红色的欲望和身影

弯弯的河水也弯弯了你婀娜的身子而相恋的脸庞在阵雨后晶莹闪光……

你笨拙的手想在漂亮逼人的壁纸上涂活自己的梦想

密集的灯光似无数双手撩乱了你的长发

红杏在林子里隐约山头的松树永久地守望

你在四月的顽皮中捉弄出遍地鲜花和轻柔与奔放的四面八方风

而你赤脚在街道上奔跑

你是在回去么

原野在远处缄默更加广阔而时间似瀑布正从高处一泻而下

寒冷的高处呵

第五乐章　高亢的白色

沙漠荒丘

肆虐的风卷着黄沙盖住了日头盖住了天地却盖不住一身纯白的你

焦黄的根冒烟的黑土蜘蛛网封锁的死水边无数连续的白影缓缓把你送来

你要去那

葱郁的树林清澈的小河喷香的黄昏和冲动的黎明都没能

更换你的沙漠荒丘

你带血的呼唤越过杜鹃越过秃鹫越过蓝天越过时间的墙壁也越过原野上朝气蓬勃的四季

依旧在城市上空

昔日伙伴中那些山头粗壮的橡树和山涧清亮的小鱼都举不起摆不动你的孤独

没有清晨和清晨的交流没有溪水和溪水的交流没有小草和小草的交流也没有风和风沙的交流

文明的人在悄悄地老去

而依旧年轻的四季在与阳光的和谐中等待中

你是要再次回去吗

但灯光密集的都市要再次和你壮美要再次和你去冲撞

那广袤黑色的原野

图书在版编目（CIP）数据

试验自己 / 汤小明著 . —成都：四川人民出版社，2016.8

ISBN 978-7-220-09929-8

Ⅰ . ①试… Ⅱ . ①汤… Ⅲ . ①诗集 – 中国 – 当代 Ⅳ . ①I227

中国版本图书馆 CIP 数据核字（2016）第 213234 号

SHIYANZIJI

试验自己

汤小明 著

责任编辑	王其进 雷雪梅
特约编辑	赵 晶
封面设计	朱 红
版式设计	北京乐阅文化有限责任公司
责任印制	聂 敏
出版发行	四川人民出版社 （成都槐树街2号）
网 址	http://www.scpph.com
E-mail	scrmcbs@sina.com
新浪微博	@ 四川人民出版社
微信公众号	四川人民出版社
发行部业务电话	（028）86259624 86259453
防盗版举报电话	（028）86259624
照 排	北京乐阅文化有限责任公司
印 刷	三河市中晟雅豪印务有限公司
成品尺寸	146mm×208mm
印 张	8.25
字 数	157 千字
版 次	2016 年 10 月第 1 版
印 次	2016 年 10 月第 1 次印刷
书 号	ISBN 978-7-220-09929-8
定 价	39.80 元